ムダなし！

節約冷凍レシピ

池上正子

JN088694

Contents

単品野菜の冷凍ワザ

Part 2 野菜セットの冷凍ワザ

食材がムダにならず
食費も節約できます

冷蔵庫の奥に眠らせたまま腐らせたり、くず野菜が残ってしまったり…。そんな失敗も、生のまま冷凍すればラクラク解消！ 食材を新鮮なまま長く保存でき、ムダなく使いきれます。
食費節約にも大きな効果あり！

常にストック食材があるので
料理がラクになります

生のまま冷凍すると、新鮮な食材のストックがグーンと増えます。買い物に行けない日、忙しいとき、外に行きたくない日にも大助かり！ いろいろな食材をストックしておくことで料理の幅も広がります。

凍ったまま調理できるから
調理時間も早い！

野菜は生のまま冷凍すると水分が凍って膨張し、組織が壊れます。その結果、中に火が通りやすくなり、調理加熱時間が短縮できます。すぐ調理にとりかかれるので短時間で手早く作れるようになります。

冷凍すると
調味料の
しみ込みが早く
じっくり煮込んだ味に

生のまま冷凍すると、火が通りやすくなると同時に調味料もしみ込みやすくなるのがポイント。短時間でも、煮込んで時間をおいたときのように深みのある味になります。調味料も少なめでいいので塩分も自然と控えられ、調味料の節約にも！

1 野菜1種類の シンプルな単品冷凍

▶▶ P.11

1種類の野菜を、使いやすい形や大きさに切って冷凍するだけ。新鮮なうちに冷凍すれば、冷蔵庫の中で野菜をダメにすることもなく、ムダなく使いきることができます。安いときに多めに買って冷凍しておくのもおすすめ！

Spring roll

2 用途に合わせた 野菜のセット

▶▶ P.81

例えば、じゃがいも、玉ねぎ、にんじんを組み合わせた定番野菜セットが冷凍庫にあれば、煮ものやスープ、カレーなどもあっという間。使い勝手のいい野菜を組み合わせたセット冷凍は、時短の大きな味方になります。

Nikujaga

3 肉・魚と野菜の 下味つきおかずセット

▶▶P.111

野菜だけでなく、肉や魚、調味料を加えて冷凍。調理は凍ったままフライパンに入れて水分を足したら、あとはほぼほったらかし。下味つきセットがあれば、時間がないときや疲れているときにも手軽に作れます。

Teriyaki

4 具材と調味料入りの パスタセット

▶▶P.168

具材と調味料、ショートパスタの冷凍セット。こちらも調理はほぼほったらかしでOKなので、何もないときにチャチャッと作れます。野菜は1食で約200gと具材たっぷり。市販の冷凍パスタよりヘルシーなのも魅力です！

Pasta

5 肉・魚の下味つき単品冷凍

▶▶ P.180

最後にご紹介するのは、肉や魚+調味料の冷凍方法です。すでにしっかり味がついているので、野菜などを加えて炒めたり煮るだけで一品完成。合わせる具材を替えれば、料理のバリエーションもグンと広がります。

Meat

fish

この本のレシピについて

* 特に記載がない限り、野菜は皮や種、芯を除いたり、処理を済ませたものとします。
* 小さじ1＝5mℓ、大さじ1＝15mℓ、1カップ＝200mℓです。
* 電子レンジは600Wのものを基準にしています。500Wの場合は加熱時間を1.2倍にするなど、お使いの機器に合わせて調整してください。
* 表示の時間は解凍時間を除いた調理時間の目安です。

Part 1

単品野菜
の冷凍ワザ

まずは1種類の野菜を
冷凍する方法を覚えましょう。
といっても、切って袋に入れて
冷凍するだけだから簡単！
炒めもの、煮ものなど、
さまざまなおかずに使えます。

生のまま冷凍の
活用ポイント

■ ほとんどの野菜が冷凍OK

冷凍に向かないとされて
いる、もやし、じゃがいも
も生のまま冷凍可能。冷
凍したことで食感が変わ
るものもありますが、こ
の本ではおいしく食べら
れるレシピを紹介してい
ます。

■ 新鮮なうちにすばやく冷凍しましょう

冷凍保存すると鮮度が落ちてしまうのでは？　と
思われがちですが、実は逆。冷凍することで鮮
度が保たれます。使いきれなくなってからではなく、
新鮮なうちに冷凍したほうがおいしく食べられる
と覚えておきましょう。

■ 冷凍保存には
ファスナー式の保存袋が便利

おすすめの理由は、保存のしやすさと密閉性。中身がわかりにくい保存容器に比べ、袋は凍らせてから立てて並べられるので、探すときもスムーズ。スペースもとらず、空気がしっかり抜けるので鮮度を保って冷凍できます。

■ 冷凍後は1か月を目安に
使いきって

冷凍すれば鮮度はそのままキープできますが、あまり長期間保存すると味が落ちてきます。一般的な冷凍保存と同様に、できれば1か月以内を目安に使いきりましょう。袋に冷凍した日付を書いておくと、使い忘れを防げます。

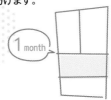

■ 加熱調理すれば
どんな料理にも使える!

生のまま冷凍した野菜は生食には向かないため、基本的に加熱調理して使います。火にかけるほか、熱湯をかけて解凍したり、電子レンジで加熱してもOK。シャキッとした食感がなくなるものもありますが、煮込みやあえもの、蒸し料理などに使えばおいしく食べられます。

■ 味つけはいつもより少し控えめ、
がコツ

野菜を生のまま冷凍すると、組織が破壊されて調味料が入りやすくなります。そのため、普段活用しているレシピ通りに調味料を入れると、濃く感じることも。この本のレシピではその点を考慮していますが、適量、とある場合は加減しながら味をととのえましょう。

生のまま冷凍、知っておくと
役に立ちます!

アクのあるものや
生食したい葉ものは冷凍NG

アクのあるほうれん草、たけのこはゆでてから冷凍したほうがおいしく食べられます。また、冷凍したレタス類は生食には不向き。トマトやきゅうりは冷凍できますが、サラダとして食べたい場合は冷凍は避けて。

早く凍らせたいときは
金属トレイを使って

鮮度を保つためには、できるだけ早く冷凍することがポイント。アルミやステンレスなどの金属製のトレイ（なければお菓子の缶のふたなどでも）にのせると、冷凍時間が短縮できます。かぼちゃなど冷凍に時間がかかる野菜は、この方法がおすすめ。

調理するときはふたを
使います

凍った食材に水分を足して加熱したとき、蒸気がもわっと出てきます。その蒸気で蒸しながら調理するので、ふたは必須。ふたをしないと調理に時間がかかる場合もあるので、汁ものに加える以外は、必ず鍋やフライパンのサイズに合うふたを使いましょう。

じゃがいも・里いも

調理後に冷凍するとボソボソになりますが、生のまま冷凍なら食感も味も変化なし！ じゃがいもは水にさらし、水けを少し残して冷凍すると変色しません。

冷凍保存するときは

じゃがいも・里いも
乱切り

カレー、シチュー、煮ものなど幅広い用途に使える、いちばん便利な切り方。里いもは煮もの用に。

じゃがいも
棒状に切る

フライドポテトなどの揚げもの、炒めものなどに使える。

じゃがいも
角切り

マッシュポテトやポテトサラダなど、つぶして使うときに便利。

冷凍とは思えない歯ごたえ。 おつまみにも

ジャーマンポテト

6分

材料(2人分)

冷凍じゃがいも
　（1cm幅の棒状）…200g（大1個分）
にんにく…1片
ベーコン（1cm幅の細切り）…1枚分
塩…小さじ¼
粗びき黒こしょう…少々
サラダ油…適量

作り方

1　にんにくは半分に切って、包丁の腹でつぶす。

2　フライパンにサラダ油とにんにくを入れて中火で熱し、
　香りが出てきたら冷凍じゃがいも、ベーコンを加えて
　水大さじ1をふってサッと炒める。ふたをして弱火で
　4～5分蒸し焼きにする。途中で何回か上下を返す。

3　ふたをはずし、塩、粗びき黒こしょうで調味する。

17

9分

だし汁なしでも味がよくしみる

里いもとひき肉の煮もの

<u>材料</u>（2人分）

冷凍里いも
　（大きめのひと口大）…200g（中4個分）
鶏ひき肉…50g

A ┌ 砂糖…大さじ1
　├ 塩…小さじ1/2
　└ しょうゆ…小さじ1/2

<u>作り方</u>

1 鍋に水3/4カップとひき肉を入れて、菜箸などで混ぜてほぐす。

2 冷凍里いもを加え、ふたをして中火にかける。沸騰したら弱火にして5〜6分煮る。

3 ふたをはずしてAを加え、煮汁を回しかけながら汁けがほとんどなくなるまで煮る。

8分

鮭缶の汁も味つけに活用

鮭じゃが

材料(2人分)

冷凍じゃがいも(ひと口大)…200g(大1個分)
鮭の水煮缶…小1缶(90g)
しょうゆ…大さじ½

作り方

1 鍋に水½カップ、鮭缶(汁ごと)、冷凍じゃがいも を入れ、ふたをして中火にかける。沸騰したら弱 火で4〜5分煮る。

2 ふたをはずしてしょうゆを回しかけ、煮汁をかけ ながら汁けがほとんどなくなるまで煮る。

（5分）

つけ合わせに役立ちます

マッシュポテト

材料（2人分）

冷凍じゃがいも（角切り）…360g（3個分）

A ┌ 牛乳…½カップ
  │ 粉チーズ…大さじ1
  └ 乾燥バジル…小さじ1

塩…小さじ¼

こしょう…少々

作り方

1 鍋に湯を沸かし、冷凍じゃがいもを入れてやわらかくなるまでゆでる。

2 水けをきってボウルに入れ、フォークで粗くつぶす。Aを加えてあえ、塩、こしょうで味をととのえる。

5分

お弁当にもぴったり

じゃがいもの カレー炒め煮

材料(2人分)

冷凍じゃがいも(角切り)…360g（3個分）

ベーコン(1cm幅の細切り)…2枚分

A ┌ カレー粉…小さじ1
　└ 塩…小さじ¼

バター…10g

作り方

1 フライパンに冷凍じゃがいも、ベーコン、A、水¾カップを入れ、ふたをして強火にかける。湯気が出てきたら中火にして蒸し煮にする。

2 じゃがいもの角が崩れてきたら火を止めてバターを加え、混ぜ合わせる。

21

もやし

足が早いもやしは、買ったらすぐ冷凍してしまうのが、コツ。シャキッとした食感はなくなりますが、しんなりした独特の味わいを楽しんで。

袋のまま
袋のまま冷凍しても霜はほとんどつかず、手ですぐほぐれるので使いやすい。気になる人は洗ってよく水けを拭いてから保存袋に入れても。

5分

温玉をからめながらいただきます

もやしと豚の甘辛丼

材料(2人分)

冷凍もやし…1袋(250g)
豚薄切り肉(細切り)…100g
長ねぎ(小口切り)…1/4本分
焼き肉のたれ…大さじ2
水溶き片栗粉…片栗粉小さじ1+水大さじ1
ご飯…丼2杯分
温泉卵…2個
サラダ油…適量

作り方

1 ボウルに豚肉、長ねぎを入れ、焼き肉のたれを加えてもみ込む。

2 フライパンにサラダ油を熱し、**1**を中火で炒める。肉の色が変わったら冷凍もやしをのせ、ふたをして蒸し焼きにする。もやしがしんなりしたらふたをはずし、サッと炒め合わせる。水溶き片栗粉を加えてとろみをつける。

3 器にご飯を盛り、**2**、温泉卵の順にのせる。好みで一味唐辛子(分量外)をふる。

23

5分

ご飯や麺にのせてもいける！

もやしとひき肉の
カレー炒め

<u>材料</u>（2人分）

冷凍もやし…1袋（250g）
豚ひき肉…100g
にんにく（みじん切り）…1片分

A ┌ **カレー粉**…小さじ1
  │ **塩**…小さじ1/4
  └ **こしょう**…適量

サラダ油…適量

作り方

1 フライパンにサラダ油を熱し、ひき肉、にんにく
  を中火で炒める。

2 ひき肉がポロポロになってきたら冷凍もやしをの
  せ、ふたをして2分蒸し焼きにする。

3 もやしがしんなりしたらふたをはずし、サッと炒
  め合わせる。Aで味をととのえる。

5分

卵でとじればボリュームのあるおかずに

もやしの卵とじ

材料(2人分)

冷凍もやし…½袋（125g）
にら(1cm幅に切る)…½束分
ソーセージ(1cm幅の輪切り)…3本分
卵…2個
塩・こしょう…各適量
ごま油…小さじ¼

作り方

1 ボウルに卵を割りほぐし、塩、こしょう各少々を
加えて混ぜる。

2 フライパンにごま油を熱し、冷凍もやしとソー
セージを入れ、ふたをして中火で2分蒸し焼きに
する。

3 もやしがしんなりしたらふたをはずし、にらを加
えてサッと炒め合わせる。塩、こしょう各適量で
味をととのえ、**1**の卵液を回しかける。ふたをし
て好みの半熟状態になったら火から下ろす。

キャベツ

生のまま冷凍したキャベツは、火が通るのもあっという間。春巻きの具、煮もの、汁ものとオールマイティーに使えるので、忙しい日に活用して。

冷凍保存するときは

ざく切り

炒めもの、煮込み、焼きそばやラーメンのほか、手でもんで粗みじんのようにし、餃子や春巻きなどの具にしても。幅広い用途に使える。

はがしてそのまま

切らずに大きい葉のまま冷凍すれば、そのつど好みに切って使える。

包丁、まな板いらずで作れる

12分

キャベツ春巻き

材料(2人分)

冷凍キャベツ(ざく切り) …100g

豚ひき肉…60g

A―しょうゆ・ごま油…各大さじ1/2

春巻きの皮…4枚

揚げ油…適量

作り方

1 冷凍キャベツを袋の上からもんで細かく砕く。

2 ボウルに**1**、ひき肉、**A**を加えて粘りが出るまで
　よく混ぜ合わせる。 4等分にして春巻きの皮で
　それぞれ包み、巻き終わりは水溶き小麦粉（分
　量外）を塗ってとじる。

3 フライパンに揚げ油を熱し、**2**を入れて両面きつ
　ね色に揚げる。

27

野菜が早くやわらかくなって時短に

キャベツとシーフードの
トマトスープ

材料(2人分)

冷凍キャベツ(ざく切り)…200g

冷凍シーフードミックス…100g

A ┌ 固形コンソメ…1/2個
　└ 無塩トマトジュース(100%)…2カップ

塩…小さじ1/4

こしょう…適量

作り方

1 鍋に冷凍キャベツ、冷凍シーフードミックス、水
　1/4カップ、Aを入れ、ふたをして中火にかける。

2 沸騰したら弱火にしてキャベツがしんなりするま
　で煮込む。ふたをはずし、塩、こしょうで味をと
　とのえる。器に盛り、あればバジル少々(分量外)
　をのせる。

5分

ストック食材ですぐ作れる

キャベツとさばの
サッと煮

材料(2人分)

冷凍キャベツ(ざく切り)…200g
さばのみそ煮缶…1缶(160g)
酒…大さじ1
しょうゆ…少々

作り方

1 鍋に冷凍キャベツ、さば缶、酒を入れ、ふたをして
中火にかける。

2 湯気が出てきたら弱火にし、キャベツがしんなり
するまで2〜3分煮込む。

3 ふたをはずしてさばを箸で軽くほぐし、しょうゆ
を加えてサッと混ぜる。

2分

塩もみしなくてもしんなり

コールスロー

<u>材料</u>(2人分)

冷凍キャベツ(ひと口大)…240g

A ┌ コーン・マヨネーズ…各大さじ3
　├ 塩…小さじ¼
　└ こしょう…少々

作り方

1 冷凍キャベツは袋の上からもんで砕く。Aを加え
てなじませ、30分ほどおく。

2 食べる分だけ取り出して器に盛る(残りは冷蔵庫
で保存し、2日を目安に食べきる)。

2分

もみ込むだけで即席漬け風!

キャベツの塩昆布あえ

材料(2人分)

冷凍キャベツ(ひと口大) …240g
塩昆布…大さじ1

作り方

1 ボウルに冷凍キャベツを入れ、熱湯をかけて解凍する。水けを絞ってボウルに入れ、塩昆布を加えてあえる。

2 食べる分だけ取り出して器に盛る(残りは冷蔵庫で保存し、2日を目安に食べきる)。

トマト

冷凍後に加熱すると、トマトの形は崩れてほとんどなくなりますが、ドライトマトのようなうまみが出ます。牛肉やなす、きのこは特に相性バツグン！

冷凍保存するときは

トマト
ざく切り
炒めもの、煮込み、スープ、パスタなど幅広く使える。

トマト
丸ごとそのまま
へただけ取ってラップで包み丸ごと冷凍すると、凍ったまますりおろせる。お湯をかければ湯むきも簡単。

ミニトマト
丸ごとそのまま
へたを取ってそのまま保存袋へ。スープ、マリネ、サラダなどに。

トマトをたっぷり使ってうまみアップ

牛肉のトマト煮

10分

材料(2人分)

冷凍トマト(丸ごと) …2個分
玉ねぎ(薄切り) …1/2個分
牛こま切れ肉…150g
塩…小さじ1/4
こしょう…少々

作り方

1 フライパンに冷凍トマト、玉ねぎ、水1/4カップを入れ、ふたをして弱めの中火で6〜7分蒸し焼きにする。

2 ふたをはずして牛肉を加え、水分をとばすように炒める。トマトは木べらなどで粗くつぶす。牛肉に火が通ったら、塩、こしょうで味をととのえ、あればバジル10枚(分量外)を加える。

33

チーズと一緒に焼くと絶品！

トマトとなすの チーズ焼き

10分

材料(2人分)

冷凍トマト(ざく切り)…100g（中½個分）
なす(1cm厚さの輪切り)…2本分
玉ねぎ(薄切り)…½個分
にんにく(薄切り)…1片分
塩…小さじ¼
こしょう・ピザ用チーズ…各適量
白ワイン…¼カップ
サラダ油…適量

作り方

1 フライパンにサラダ油を熱し、なす、玉ねぎ、にんにくを中火で炒める。

2 なすがしんなりしてきたら塩、こしょうで味をととのえ、中央に寄せる。ピザ用チーズ、冷凍トマトを順にのせて白ワインをふり、ふたをして弱火で5〜6分蒸し焼きにする。

3 ふたをはずし、汁けを少しとばす。

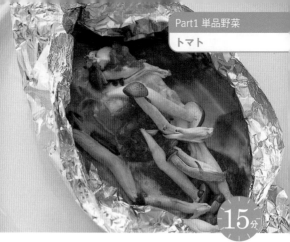

15分

ホイルに残った蒸し汁も残さず味わって

トマトと鮭のホイル焼き

材料(2人分)

冷凍トマト(ざく切り)…100g(中1/2個分)
生鮭…2切れ
しめじ(石づきを取りほぐす)…1/4パック分
塩…小さじ1/4
こしょう…適量
オリーブ油…適量

作り方

1 生鮭は塩、こしょうをふる。オーブントースター
  は温めておく。

2 アルミホイルに**1**の鮭を1切れ置き、冷凍トマト
  としめじ各1/2量をのせる。オリーブ油をふり、す
  き間ができないようにアルミホイルでしっかりと
  包む。残りも同じように包む。

3 オーブントースター(1000W)で12〜14分焼
  く。

玉ねぎ・長ねぎ

どの家にも常備してある野菜ですが、切って冷凍しておくと何かと便利。ねぎは小口切りにして冷凍しておくと、薬味や炒めものなど幅広く使えます。

冷凍保存するときは

長ねぎ
斜め切り
煮もの、うどんの具など幅広く使える。

長ねぎ
筒切り
焼きもの、煮ものなどに。凍った長ねぎをさらにみじん切りにしてもよい。

玉ねぎ
薄切り
煮もの、炒めもの、丼、みそ汁、スープなど万能。ほかに、輪切りを半分に切ったもの、粗みじん切りなども便利。

冷凍ねぎを炒めるととろとろに

ねぎグラタン

15分

<u>材料</u>(2人分)

冷凍長ねぎ(長めの斜め切り)…200g(大1本分)
ベーコン(細切り)…2枚分

A ┌ **卵**…1個
　│ **ピザ用チーズ**…50g
　└ **牛乳**…½カップ

サラダ油…小さじ1

<u>作り方</u>

1 フライパンにサラダ油を熱し、冷凍長ねぎ、ベーコンを中火でサッと炒める。ふたをして弱火にし、1～2分蒸し焼きにする。オーブントースターは温めておく。

2 長ねぎがしんなりしたらふたをはずし、水分をとばすように1分ほど炒め合わせる。

3 ボウルにAを入れてよく混ぜ合わせ、2を加えて混ぜる。耐熱皿に流し入れ、オーブントースター(1000W)で焦げ目がつくまで焼く。

ねぎの甘みと梅の酸味が好相性

長ねぎと鶏肉の
さっぱり梅炒め

<u>材料</u>（2人分）

冷凍長ねぎ（斜め薄切り）…200g（大1本分）
鶏むね肉…100g

A ┌ 塩…小さじ¼
　│ こしょう…適量
　└ 酒…大さじ1

梅干し…1〜2個
サラダ油…大さじ½

<u>作り方</u>

1 鶏肉は細切りにし、Aをふる。梅干しは種を除き、
果肉を粗く刻む。

2 フライパンにサラダ油を熱し、鶏肉を中火で炒め
る。焼き色がついたら冷凍長ねぎを加え、サッと
炒める。ふたをして弱火にし、2〜3分蒸し焼き
にする。

3 ふたをはずして梅干しを加え、水分をとばしなが
ら炒め合わせる。味をみて足りないときは塩（分
量外）でととのえる。

38

たっぷりの玉ねぎで甘みを出して

豚肉と玉ねぎの みそしょうが焼き

10分

<u>材料</u>(2人分)

冷凍玉ねぎ(1cm厚さの輪切りを半分に切る)
　…300g(大1個分)

豚ロース薄切り肉(大きめのひと口大)…200g

A ┌ しょうが汁…1かけ分
　└ 酒・しょうゆ・みそ…各大さじ1

<u>作り方</u>

1 豚肉はAで下味をつけてしばらくおく。

2 フライパンに冷凍玉ねぎを敷き、上に**1**を広げる。
水1/4カップを加え、ふたをして火にかける。沸騰
したら強火で2分加熱し、ふたをはずして4分炒
め、汁けをとばす。

白菜

安くてかさもある白菜は節約料理の味方。水分が多いわりに冷凍しても霜がつかず、新鮮な状態で調理に使えます。煮もののほか、鍋、汁ものに使っても!

冷凍保存するときは

ざく切り
煮もの、鍋もの、蒸しものなどに。何にでも使いやすい。

棒状に切る
内側や芯の硬いところは、煮もの、汁もの、炒めものなどに使える。

冷凍白菜の水分でおいしく解凍できる

白菜とえびの 中華あんかけ

6分

材料(2人分)

冷凍白菜(ざく切り)…400g(中4枚分)
むきえび…10尾

A[しょうが(細切り)…1かけ分
　 顆粒中華スープの素…少々

B[しょうゆ…適量
　 粗びき黒こしょう・ごま油…各少々

水溶き片栗粉…片栗粉小さじ1+水大さじ1

作り方

1 フライパンに冷凍白菜、むきえび、A、水¼カップを入れてふたをし、火にかける。湯気が出始めたら中火にして2～3分蒸し焼きにする。

2 えびに火が通り、白菜がやわらかくなったらふたをはずしてBを加える。水溶き片栗粉を回しかけてとろみをつける。

41

刻み昆布をだしがわりに活用

白菜とがんもどきの うま煮

5分

材料（2人分）

冷凍白菜（ざく切り）…400g（中4枚分）
がんもどき（4等分に切る）…小2個分
刻み昆布…適量
A┌ **しょうゆ**…小さじ1
 └ **砂糖**…少々

作り方

1 鍋に水¼カップ、冷凍白菜、がんもどき、刻み昆布を入れ、ふたをして火にかける。沸騰したら弱火にし、2分ほど煮る。

2 白菜がしんなりしてきたらふたをはずし、Aで味をととのえる。煮汁をかけながら汁けを少しとばす。

油を使わないからヘルシー

白菜と豚の蒸し焼き

5分

材料(2人分)

冷凍白菜(ざく切り)…400g(中4枚分)
豚バラ薄切り肉(ひと口大に切る)…100g
しいたけ(石づきを取り半分に切る)…4個分

A
- 塩…小さじ¼
- 粗びき黒こしょう…適量
- 酒…¼カップ
- おろししょうが…1かけ分

作り方

1 鍋に冷凍白菜を敷き、豚肉、しいたけをのせる。Aをふり、ふたをして火にかける。

2 湯気が出始めたら中火にして2～3分蒸し焼きにする。ふたをはずし、上下を返して汁けをとばす。

43

大根・かぶ

使い残しやすい大根は、1本買ったらみそ汁用、煮もの用など切り方を分けて冷凍すれば最後まで使いきれます。3～4個1束で売られているかぶも、余ったら即冷凍!

冷凍保存するときは

大根・かぶ
半月切り
おでん、煮ものなどに。輪切りにしてもよい。薄切りなら炒めものなどにも使える。

大根・かぶ
乱切り
煮ものに。かぶは4等分に切ってもよい。

大根
拍子木切り
みそ汁、炒めものなどに。せん切りにすればあえものにも使える。

煮込み時間が短くても味がしみる!

おでん

（20分）

材料(2人分)

冷凍大根（半月切りまたは輪切り）…100g（1/8本分）

こんにゃく、昆布、ちくわなど好みの具材… 14個

A
- しょうゆ・酒…各大さじ1
- 砂糖…大さじ1/2
- 塩…小さじ1/2
- 和風顆粒だしの素…少々

作り方

1 揚げもの、練りもの、がんもどきなどはたっぷりの湯で1分ほど下ゆでし、ざるにあげて水けをきる。

2 鍋に冷凍大根と好みの具材(**1**を含む)、水3カップ、**A**を入れて火にかける。沸騰したら弱火にして落としぶたをし、15分以上好みの時間で煮る。

45

かぶのアンチョビ炒め

材料(2人分)

冷凍かぶ(1㎝厚さの半月切り)
　…200g (小4～5個分)
にんにく(みじん切り) …2片分
アンチョビ(刻んでペースト状にする) …1切れ分
オリーブ(スライス) …適量
塩・こしょう…各少々
オリーブ油…適量

4分

作り方

1 フライパンにオリーブ油、にんにくを入れて中火にかける。香りが出たら冷凍かぶを入れ、ふたをして弱火で1～2分蒸し焼きにする。

2 ふたをはずし、アンチョビ、オリーブを加えて中火でサッと炒める。塩、こしょうで味をととのえる。

冷凍大根なら下ゆでいらずで手軽

いかと大根の煮もの

材料(2人分)

冷凍大根(乱切り)…200g(¼本分)
いか…½はい
しょうが(薄切り)…1かけ分
A ┌ 砂糖…大さじ2
　└ しょうゆ…大さじ1

15分

作り方

1 いかはわたを取って胴を輪切りにする。足は食べやすい大きさに切る。

2 鍋に冷凍大根、しょうが、水½カップを入れ、ふたをして火にかける。沸騰したら中火で3～4分蒸し煮にする。

3 大根に竹串が通るくらいやわらかくなったらいかとAを加え、落としぶたをして7～8分煮る。

小松菜

ビタミンやカルシウムを豊富に含み、アクもなく食べやすい小松菜。いろいろな料理にも使い回しやすいように、ざく切りにして冷凍しましょう。

冷凍保存するときは

ざく切り

煮もの、おひたし、炒めもの、うどんやそばの具としてなど、この長さで冷凍しておくといろいろな使い道がある。

小松菜の煮びたし

材料(2人分)

冷凍小松菜（4cm長さのざく切り）…200g（1束分）
和風顆粒だしの素…少々
油揚げ（5mm幅に切る）…½枚分
A［**しょうゆ**…小さじ1
塩・砂糖…各小さじ¼

48

食べ飽きない味。 冷やしてもおいしい

5分

作り方

1 鍋に水½カップ、和風顆粒だしの素、冷凍小松菜、油揚げを入れ、ふたをして火にかける。沸騰したら弱火にして2〜3分煮る。

2 ふたをはずして**A**を加え、サッと上下を返して汁けを少しとばす。

49

冷凍小松菜ひとつだけでサッと作れる

小松菜の簡単ナムル

<u>材料</u>(2人分)

冷凍小松菜（4㎝長さのざく切り）
　…100g（½束分）

A┌ 塩…少々
　└ ごま油…大さじ1

7分

作り方

1 耐熱皿に冷凍小松菜をのせ、水大さじ2をふる。
　ラップをかけて電子レンジで4～5分加熱する。

2 粗熱が取れたら水けを絞ってボウルに入れ、Aを
　加えてあえる。あれば白すりごま少々（分量外）
　をふる。

冷凍れんこんを使ってもOK

小松菜とれんこんの塩炒め

⏱️ 10分

材料(2人分)

冷凍小松菜(4cm長さのざく切り)
　…100g(½束分)
れんこん(5mm厚さの半月切り)… 100g
鶏ガラスープの素…少々
塩…少々
サラダ油…大さじ1

作り方

1 フライパンにサラダ油、冷凍小松菜、れんこん、鶏ガラスープの素、水¼カップを入れてふたをする。強火にかけ、湯気が出てきたら中火にして5～6分蒸し焼きにする。

2 ふたをはずして汁けをとばし、塩で味をととのえる。

51

たんぱく質もしっかりとれる！

小松菜と卵の とろとろ炒め

<u>材料</u>（2人分）

冷凍小松菜（4cm長さのざく切り）… 50g（¼束分）
卵 … 3個
A ┌ 塩 … 小さじ¼
　└ 和風顆粒だしの素・こしょう … 各少々
サラダ油 … 大さじ1

<u>作り方</u>

1 ボウルに卵を割り入れ、**A**を加えて混ぜる。

2 フライパンに冷凍小松菜を入れ、水大さじ1をふる。ふたをして中火にかけ、2〜3分蒸し焼きにする。ふたをはずして水けをとばし、**1**に加える。

3 フライパンの汚れを拭き取り、サラダ油を中火で熱して**2**の卵液を流し入れる。菜箸で大きく混ぜ、半熟状にして取り出す。

常備しているツナ缶で手軽に

7分

小松菜のツナあえ

材料(2人分)

冷凍小松菜（2cm長さのざく切り）…100g（½束分）

A ┌ ツナ缶（油をきる）…小1缶（70g）
　└ しょうゆ…大さじ½

作り方

1 耐熱皿に冷凍小松菜をのせ、水大さじ2をふる。
　ラップをかけて電子レンジで4～5分加熱する。

2 粗熱が取れたら水けを絞ってボウルに入れ、Aを
　加えてあえる。

にんじん

冷蔵庫に入れたままにすると、黒ずんで中がスカスカになりおいしさ半減、ムダにしがち。新鮮なうちに冷凍すれば、貴重なストック野菜になります。

冷凍保存するときは

細切り
炒めもの、あえもの、スープなどに。

乱切り・輪切り
乱切りはカレーやシチュー、煮ものなどに。輪切りも煮もの用としておすすめ。

乱切りにんじんで作ってもOK

にんじんと手羽の ゴロッと煮

材料(2人分)

冷凍にんじん(2cm厚さの輪切り)
　…100g(中1/2本分)

手羽先…8本

しょうが(薄切り)…1かけ分

A ┌ しょうゆ…大さじ2
　│ 砂糖・酒…各大さじ1
　└ 和風顆粒だしの素…少々

サラダ油…適量

作り方

1 フライパンにサラダ油を中火で熱し、手羽先を入れて両面に焼き色がつくまで焼く。

2 冷凍にんじん、しょうが、水1カップ、Aを加え、ふたをして4～5分煮込む。途中で上下を返し、にんじんがやわらかくなったらふたをはずして、水分をとばす。

55

おつまみやおやつにもぴったり

10分

にんじんのチヂミ

<u>材料</u>(2人分)

冷凍にんじん(細切り)…100g(中1/2本分)

A ┌ 小麦粉…110g
  │ 卵…1個
  │ ピザ用チーズ…50g
  └ 塩…小さじ1/2

B ┌ ポン酢しょうゆ…適量
  └ ごま油…少々

サラダ油…適量

<u>作り方</u>

1 ボウルにA、水1/2カップを入れてよく混ぜ合わせ、冷凍にんじんを加えて混ぜる。

2 フライパンにサラダ油を中火で熱し、**1**を流す。焼き色がついたら上下を返し、フライ返しで押しながら平たく焼く。

3 全体に火が通ったら食べやすい大きさに切り、器に盛る。食べるときに混ぜ合わせた**B**をつける。

56

レーズンのかわりにスライスアーモンドでも

にんじんマリネ

<u>材料</u>(2人分)

冷凍にんじん（細切り）
　…100g（中1/2本分）
レーズン（粗く刻む）…少々
A ┌ **イタリアンドレッシング**…適量
　│ **塩**…少々
　└ **バジル**（小さくちぎる）…少々

作り方

1 ざるに冷凍にんじんとレーズンを入れ、お湯を回しかける。しんなりしたら水けをしっかり絞る。

2 密閉容器かポリ袋に**1**、**A**を入れ、ふたをしてふる（またはもみ込む）。

57

セロリ

肉のつけ合わせや煮込み料理に欠かせないセロリ。冷凍するとサラダのような生食には向かないので、蒸しものや煮込みなど、加熱調理におすすめです。

冷凍保存するときは

薄切り
スープ、パスタなどに。

乱切り
炒めもの、煮ものに便利。

棒状に切る・せん切り
棒状のものはピクルスや浅漬けのほか、蒸し焼きや肉巻きなどに。せん切りはあえもの、かき揚げなどに。

サッと簡単。朝食にも！

セロリの
コンソメスープ

材料(2人分)

冷凍セロリ(薄切り) … 50g（小1本分）
ソーセージ(薄切り) … 3本分
玉ねぎ(1cm角に切る) … 1/2個分
固形コンソメ … 1個
A ┌ **塩** … 小さじ1/4
　└ **こしょう** … 適量

作り方

1 鍋に水2カップと固形コンソメを入れて火にかける。沸騰したら冷凍セロリ、ソーセージ、玉ねぎを加えて中火で3〜4分煮る。

2 玉ねぎに火が通ったら、**A**で味をととのえる。

粗びき黒こしょうで味を引き締めて

鶏肉とセロリの蒸し焼き

8分

材料(2人分)

冷凍セロリ(乱切り)…200g (中2本分)
鶏もも肉…100g
にんにく(半分に切ってつぶす) …1片分
塩・粗びき黒こしょう…各適量
オリーブ油…適量

作り方

1 鶏肉はひと口大に切り、塩、粗びき黒こしょうを
  ふる。

2 フライパンにオリーブ油とにんにくを入れて中火
  にかける。香りが出たら鶏肉を入れて両面を焼く。

3 肉に火が通ったら冷凍セロリを加えてサッと混ぜ
  合わせ、ふたをして1分蒸し焼きにする。ふたを
  はずして汁けをとばしながら炒め、塩少々を加え
  て味をととのえる。器に盛り、粗びき黒こしょう
  をふる。

サッと作れるスピードおかず

セロリのごまあえ

3分

材料(2人分)

冷凍セロリ(せん切り)
　…100g(中1本分)
黒すりごま…適量
A⌈ しょうゆ…大さじ½
　⌊ 砂糖…小さじ¼

作り方

1　ざるに冷凍セロリを入れ、お湯を回しかける。しんなりしたら水けをしっかり絞る。

2　ボウルに**1**、黒すりごまを入れてあえ、**A**を加えて調味する。

ごぼう・れんこん

繊維が強いので冷凍しても食感や色が変わらず、生と同じ感覚で食べられます。冷凍するときは、水にさらしてアクを抜いてから保存袋に入れて。

冷凍保存するときは

ごぼう
細切り

炒めもの、きんぴら、かき揚げ、あえものなどに。

ごぼう
斜め薄切り

煮もの、炒めもの、豚汁など汁ものに。厚めに切っても筑前煮などの煮ものに使いやすい。

ごぼう
ささがき

炊き込みご飯、汁ものなど何でも使える。

れんこん
半月切り

5mm厚さで冷凍すると、炒めものや煮もの、サラダなどに便利。

ちくわのだしでうまみアップ

ごぼうとちくわの うま煮炒め

7分

材料(2人分)

冷凍ごぼう(斜め薄切り)…150g（中1本分）
ちくわ(斜め薄切り)…2本分
A ┌ 砂糖…大さじ½
　└ しょうゆ…大さじ1
白すりごま…大さじ1
一味唐辛子…適量
サラダ油…適量

作り方

1 フライパンにサラダ油を熱し、冷凍ごぼうとちくわを中火でサッと炒める。ふたをして弱火にし、2～3分蒸し焼きにする。

2 ふたをはずして水けをとばしながら炒め、Aを加える。全体に味をからめて白すりごまを加え、サッと炒め合わせる。器に盛り、一味唐辛子をふる。

63

5分

ツナトマトソースとからめて

ごぼうと
トマトの炒めもの

<u>材料</u>(2人分)

冷凍ごぼう(細切り)…100g（中²/₃本分）
トマト(ざく切り)…1個分
ツナ缶…小1缶（70g）
塩…小さじ¼
こしょう…適量

作り方

1 フライパンを熱して冷凍ごぼうと汁けをきったツ
 ナを入れ、ふたをして弱火で2〜3分蒸し煮にす
 る。ふたをはずしてトマトを加え、炒め合わせる。

2 トマトが崩れてきたら、塩、こしょうで味をととの
 える。

64

おつまみにも喜ばれます

（5分）

揚げれんこんの チーズ風味

材料(2人分)

冷凍れんこん（5mm厚さの半月切り）
　…200g（大1/2節分）
塩…少々
揚げ油・粉チーズ… 各適量

作り方

1 鍋に揚げ油を170～180℃に熱し、冷凍れんこ
　んを入れて素揚げにする。油をきり、塩、粉チー
　ズをふる。

ごまみそがよく合います

れんこんの ごまみそあえ

5分

<u>材料</u>(2人分)

冷凍れんこん(5mm厚さの半月切り)
　…200g(大½節分)

A┌ みそ…大さじ½
　└ 白すりごま・マヨネーズ…各小さじ1

<u>作り方</u>

1 沸騰した湯で冷凍れんこんをゆで、水けをきって
　ボウルに入れる。**A**を加えてあえる。

素朴なおいしさにやみつき!

れんこんの塩きんぴら

5分

材料(2人分)

冷凍れんこん(5mm厚さの半月切り)
　…200g(大½節分)
赤唐辛子(種を取り小口切り) … 少々
酒…大さじ2
塩…小さじ¼
サラダ油 …大さじ1

作り方

1 フライパンにサラダ油、赤唐辛子を入れて中火にかけ、冷凍れんこんを加えてサッと炒める。

2 酒をふってふたをし、蒸し焼きにする。れんこんに火が通ったら塩で調味する。

かぼちゃ

栄養もあり、安くておいしいかぼ
ちゃですが、大きいと使いにくい
もの。小さく切って冷凍すれば、
普段の料理により気軽に使える
ようになります。

冷凍保存するときは

ひと口大に切る
種とわたを取って乱切りにしておくと、煮
ものにすぐ使える。

スライス
炒めもの、焼きもの、蒸しもの、天ぷらな
ど、煮もの以外の調理に。

5分

甘みと塩けがいいバランス

かぼちゃのチーズ焼き

材料(2人分)

冷凍かぼちゃ（スライス）…200g（大 1/8 個分）
塩・こしょう・粉チーズ…各適量
オリーブ油…適量

作り方

1 フライパンにオリーブ油を熱し、冷凍かぼちゃを並べて水 1/2 カップをふる。ふたをして弱火で3〜4分蒸し焼きにする。

2 かぼちゃに焼き色がついたらふたをはずし、塩、こしょうで味をととのえ、粉チーズをふる。

かぼちゃの 5分煮もの

材料（2人分）

冷凍かぼちゃ（ひと口大）…200g（大 1/5 個分）
砂糖…大さじ2
しょうゆ…大さじ1

作り方

1 鍋に冷凍かぼちゃを重ならないように並べ、水1/2カップをそそぐ。ふたをして火にかける。

2 沸騰したら中火で3～4分蒸し煮にする。砂糖、しょうゆを加え、煮汁をかけながら汁けがなくなるまで煮る。

お弁当にも便利な定番の煮もの

ピーマン・さやいんげん

ピーマンは新鮮なうちにに冷凍すれば炒めもの、焼きものなどに使えます。さやいんげんはそのまま冷凍するとスカスカした感じになるので、短く切って保存を。

冷凍保存するときは

ピーマン
細切り
炒めもの、あえものなどに使える。

ピーマン
縦半分に切る
肉詰め、肉巻きなどに。乱切りはカレーや炒めものに。

さやいんげん
3～5cm長さに切る
筋を取って先端を切っておく。煮もの、あえもの、つけ合わせなどに使える。

さやいんげん
斜め薄切り
炒めもの、煮もの、あえものなどに便利。

春雨でグンとボリュームアップ

⏱10分

ピーマンと牛肉の オイスターソース炒め

材料(2人分)

冷凍ピーマン(細切り)…100g(3個分)

緑豆春雨…50g

牛薄切り肉(細切り)…100g

A[オイスターソース…大さじ½
  酒…大さじ1

B[オイスターソース…大さじ½
  こしょう…少々

サラダ油…適量

作り方

1 鍋に湯を沸かし、食べやすい大きさに切った緑豆春雨を加えてもどす。ざるにあげて水けをきる。牛肉はAをもみ込む。

2 フライパンにサラダ油を熱し、中火で牛肉を炒める。肉の色が変わったら冷凍ピーマン、1の春雨を加えて炒め合わせ、Bを加えて味をととのえる。

冷凍ピーマンはかたいので肉巻きもラク

ピーマンの肉巻き

6分

材料(2人分)

冷凍ピーマン(縦半分) … 4個分
豚肩ロース薄切り肉…100g
しょうゆ…大さじ1
こしょう…少々
サラダ油…適量

作り方

1 豚肉を広げて縦に2枚並べ、冷凍ピーマン1切れを巻く。残りも同様に巻く。

2 フライパンにサラダ油を熱し、中火で**1**を焼く。焼き色がついたら水大さじ1としょうゆをふり、ふたをして弱火にして1～2分蒸し焼きにする。

3 ふたをはずし、こしょうで味をととのえる。

74

冷凍すると味がしっかり入ります

さやいんげんと牛肉の甘辛蒸し

5分

材料(2人分)

冷凍さやいんげん(斜め細切り)…80g

牛こま切れ肉…100g

A ┌ しょうゆ…大さじ2
  └ 砂糖・酒…各大さじ1

サラダ油…適量

作り方

1 フライパンにサラダ油を熱し、中火で冷凍さやいんげんと牛肉を炒める。

2 肉の色が変わったらA、水大さじ1を加え、ふたをして弱火にし、1〜2分蒸し焼きにする。

3 ふたをはずし、炒めながら汁けをとばす。

75

さやいんげんと豚肉の ごまドレあえ

材料（2人分）

冷凍さやいんげん（3cm長さ）…100g
しゃぶしゃぶ用豚ロース肉（ひと口大に切る）
　…100g
レタス（ひと口大にちぎる）…½個分
片栗粉…小さじ1
ごまドレッシング…適量
白すりごま…適量

作り方

1 豚肉は片栗粉をまぶす。

2 冷凍さやいんげんとレタスはサッと塩ゆでして引き上げ、水けを軽く絞る。同じ湯で豚肉をサッとゆで、ざるにあげる。

3 ボウルに**2**を入れてごまドレッシングであえ、白すりごまをふる。

市販のドレッシングで簡単味つけ

Column 2

その他の野菜の冷凍方法

たまに買うものや、少量だけ使う野菜も洗って水けをきり、冷凍すれば長期保存が可能。ムダなく賢く使いきって!

ブロッコリー
冷凍するときは● 小房に分ける。茎は皮を厚めにむいて食べやすく切って保存袋に入れる。
使い方● 生食には向かないので、シチュー、グラタン、スペイン風オムレツなど加熱調理に。

しょうが・にんにく
冷凍するときは● 薄切り、みじん切り、すりおろしなど用途別に冷凍しておくと便利。にんにくは薄皮をのぞいて、かたまりのままでも。しょうがも皮つきのまま丸ごと冷凍可。
使い方● 生と同じように使える。

さつまいも
冷凍するときは● じゃがいもと同じ。輪切り、角切りなど使いたい大きさに切って保存。
使い方● ご飯を炊くときに加えたり、だししょうゆと一緒にレンジにかければお弁当のおかずに。

長いも
冷凍するときは● 皮をむいてすりおろしたり、せん切りなどに。
使い方● 自然解凍し、まぐろの切り落としにかけて山かけにしたり、そばやうどんの具に。のりで巻いて磯辺揚げにするのもおいしい。

チンゲン菜
冷凍するときは● 小松菜と同様。根元のかたいところを切り落として、ざく切りにして保存袋に入れる。
使い方● 炒めもの、煮もの、蒸しものなどオールマイティー。熱湯をかけて解凍し、あえものにしてもよい。

なす

冷凍するときは● 輪切り、乱切り、半分に切るなど、ある程度の大きさを残して冷凍。

使い方● カレーやグラタン、パスタの具のほか、マーボーなすなどの炒めものに。チーズをはさんで油で揚げても。

パセリ

冷凍するときは● 葉のまま保存袋に入れるか、みじん切りでもよい。

使い方● 葉のまま冷凍したものは、手でもんで砕くと、みじん切り状態になる。スープに入れたり、料理の彩りや飾りに使っても。

レタス

冷凍するときは● 葉をはがして適当な大きさに切るか、せん切りなど。

使い方● 生のようにシャキッとした食感にはならないので、チャーハンやスープなどの加熱調理に使って。

水菜

冷凍するときは● ざく切りにして冷凍。三つ葉、せりも同様に冷凍可。

使い方● 鍋もの、卵とじ、炒めものや汁ものにもおすすめ。熱湯をかけて解凍し、油揚げなどと一緒にあえてポン酢しょうゆなどで味つけしても。

オクラ

冷凍するときは● 洗って水けを拭き、そのまま保存袋に入れて。

使い方● 凍ったまま切って料理に加えたり、熱湯をかけて解凍し、切ってあえものなどにしてもよい。

万能ねぎ

冷凍するときは● 小口切りか、長いまま冷凍しても。

使い方● うどんやそば、汁ものの仕上げに散らしたり、卵焼きやチヂミなどの具に混ぜてもよい。

グリーンアスパラガス

冷凍するときは● 食べやすい長さに切る。

使い方● 凍ったまま揚げて天ぷらにしたり、凍ったままグリルで焼いて。牛乳と一緒にミキサーにかけ、スープにしても。

ししとう

冷凍するときは● へたを除き、1〜2か所竹串で穴をあける。

使い方● 油で炒めたり、天ぷらにしてもよい。

パプリカ

冷凍するときは● ピーマンと同様。半分に切ったり、せん切り、乱切りなど使いやすく切って保存。

使い方● 凍ったまま肉だねを詰めてフライパンで蒸し焼きにしたり、炒めもの、マリネ、あえものなどにも。

ゴーヤ

冷凍するときは● 縦半分に切って種とわたを除き、1cm厚さに切る。

使い方● 炒めものや天ぷらに。冷凍後は苦みがやわらぐ。豆腐も冷凍して、ゴーヤチャンプルーセットにしておいても便利。

ハーブ

冷凍するときは● 基本的にほとんど冷凍可能。フレッシュなものの葉だけちぎって保存袋に入れる。

使い方● 煮込みやマリネに加えたり、肉と一緒に焼いたり、パンなどの生地に混ぜても。

貝割れ菜

冷凍するときは● 根元を切り落とし、洗って種を除く。長い場合は半分に切る。スプラウトも同様。

使い方● お湯をかけて解凍し、あえものに。冷奴やそば、うどんの薬味に。

Part2

野菜セット
の冷凍ワザ

使いやすい野菜を組み合わせて作る
冷凍セット。
用意しておけば、調理の時間が
グーンとスピードアップ！
野菜のストックがないときにも
便利に使えます。

メインおかずがすぐ作れる!

定番野菜セット

肉じゃが、カレー、シチューなど定番
の家庭料理の材料をセット。1袋で
サッと一品作れます。

冷凍セットの作り方

<u>材料</u>(約400g分)
じゃがいも(やや大きめのひと口大に切る)…2個分
にんじん(ひと口大の乱切り) …1/2本分
玉ねぎ(大きめのくし形切り) …1/2個分

<u>作り方</u>
一緒に保存袋に入れて
冷凍!

短い煮込み時間で完成!

肉じゃが

15分

材料(約400g分)

冷凍定番野菜セット…400g
豚薄切り肉(ひと口大に切る)…100g
和風顆粒だしの素…少々

A ┌ 砂糖…大さじ2
　├ しょうゆ…大さじ1
　└ 塩…少々

作り方

1 鍋に水1と3/4カップ、和風顆粒だしの素を入れ
　て中火にかけ、沸騰したら豚肉を加えてサッとほ
　ぐす。

2 冷凍定番野菜セットを加え、ふたをして8～10
　分煮る。

3 じゃがいもに竹串がスッと通るようになったらA
　を加え、ふたをして5分煮る。

83

材料一気入れで簡単に作れます

簡単ポトフ風

12分

<u>材料</u>(2人分)

冷凍定番野菜セット…300g
ソーセージ(2〜3か所切り込みを入れる)…4本
固形コンソメ…1個
塩…小さじ1/4
こしょう…適量

作り方

1 鍋に水2カップ、固形コンソメを入れて中火にかけ、沸騰したら冷凍定番野菜セット、ソーセージを加え、ふたをして8〜10分煮る。

2 じゃがいもに竹串がスッと通るようになったら、塩、こしょうで味をととのえる。

こっくり煮込んだ本格的な味わい

クリームシチュー

材料(2人分))

冷凍定番野菜セット…300g

鶏もも肉(ひと口大のそぎ切り)…50g

固形コンソメ…1個

A┌ **クリームコーン缶**…小1缶(190g)
　└ **牛乳**…½カップ

塩…小さじ¼

こしょう…適量

作り方

1 鶏肉は塩、こしょうをふる。

2 鍋に水1と¾カップ、固形コンソメを入れて中火にかけ、沸騰したら鶏肉、冷凍定番野菜セットを加え、ふたをして8〜10分煮る。

3 じゃがいもに竹串がスッと通るようになったらAを加え、塩、こしょうで味をととのえる。ふたをはずしてさらに5分煮る。

冷凍後もシャキッと歯ごたえあり！

根菜セット

余らせがちな根菜も冷凍すれば使いきりやすい！　繊維が豊富なので食感も変わりません。

冷凍セットの作り方

材料（約200g分）

れんこん（皮をむいて5mm〜1cm厚さのいちょう切り）…大¼節分
ごぼう（斜め薄切り）…¼本分
にんじん（ひと口大の乱切り）…¼本分

↓

作り方
一緒に保存袋に入れて冷凍！

味がすぐしみるのもうれしい

筑前煮

(10分)

材料(2人分)

冷凍根菜セット…200g
鶏もも肉(ひと口大に切る)…50g
酒…大さじ1
A⎡─和風顆粒だしの素…少々
　⎣─しょうゆ・砂糖…各大さじ1
サラダ油…適量

作り方

1 フライパンにサラダ油を熱し、中火で鶏肉を炒める。

2 表面に焼き色がついたら冷凍根菜セットを加え、サッと炒め合わせる。酒をふり、ふたをして弱めの中火で3〜4分蒸し焼きにする。

3 根菜がやわらかくなったらAを加え、からめながら炒める。

体にいい繊維質もたっぷりとれます

温野菜サラダ

6分

材料（2人分）

冷凍根菜セット…200g
ハム（半分に切って扇状に切る）…1枚分
好みのドレッシング…適量

作り方

1 鍋に根菜がかぶるくらいの水と塩（分量外）を加えて火にかける。沸騰したら冷凍根菜セットを入れてふたをし、中火で4〜5分ゆでる。

2 すべての野菜に火が通ったら、ざるにあげて水けをきる。ハムを加えて混ぜ、器に盛り、好みのドレッシングをかける。

みそ汁感覚で作るのもあっという間

具だくさん豚汁

材料(2人分)

冷凍根菜セット…200g
豚バラ薄切り肉(ひと口大に切る)…100g
和風顆粒だしの素…少々
みそ…大さじ1
一味唐辛子…少々

作り方

1 鍋に水2カップと和風顆粒だしの素を入れて火
　にかける。沸騰したら豚肉を加えてサッとほぐす。

2 冷凍根菜セットを加えてふたをし、再び沸騰した
　ら中火で5分ほど煮て、みそを加えて溶く。器に
　盛り、一味唐辛子をふる。

89

洋風おかずの具にも、ソースにもGOOD!

トマトセット

冷凍したトマトを加熱すると、
うまみがギュッと凝縮されて、
とてもジューシー。

冷凍セットの作り方

<u>材料</u>（約300g分）

トマト（ざく切り）…1個分
玉ねぎ（大きめの半月切り）…1/2個分

<u>作り方</u>

一緒に保存袋に入れて
冷凍！

長時間煮込まなくても味しっかり!

チキントマト煮

10分

材料(2人分)

冷凍トマトセット…300g

鶏もも肉(大きめのひと口大に切り、
　塩、こしょうをふる) …1枚分

固形コンソメ…1個

パセリ(みじん切り) …少々

サラダ油…適量

作り方

1 フライパンにサラダ油を熱し、中火で鶏肉を焼く。

2 両面に焼き色がついたら、冷凍トマトセット、水
 1/4カップ、固形コンソメを加えてふたをし、中火
 で6~7分煮る。

3 ふたをはずして汁けをとばすように少し煮込む。
 味をみて足りなければ塩、こしょう(各分量外)で
 ととのえる。器に盛り、パセリをふる。

91

ケチャップなしでおいしく食べられます

トマトオムレツ

8分

材料 (2人分)

冷凍トマトセット…200g
ベーコン (1cm幅に切る) …1枚分
卵…2個
塩…小さじ¼
こしょう…適量
サラダ油…適量

作り方

1 フライパンにサラダ油を熱し、中火でベーコンを炒める。火が通ったら冷凍トマトセットを加え、ふたをして中火で3～4分蒸し焼きにする。

2 卵はボウルに溶きほぐし、塩、こしょうを加えて混ぜる。

3 玉ねぎがほぐれてきたら**2**を流し入れ、サッと大きく混ぜながらだ円形に焼く。

ツナの缶汁を加えてうまみアップ！

ツナのトマト炒め

6分

材料（2人分）

冷凍トマトセット…300g

ツナ缶（フレーク以外のもの）…小1缶（70g）

塩…小さじ¼

こしょう…適量

水溶き片栗粉…片栗粉小さじ1＋水大さじ1

作り方

1 フライパンに冷凍トマトセットと水¼カップを入れてふたをし、強火にかける。湯気が出てきたら中火にして3分蒸し焼きにする。

2 玉ねぎが透き通ってきたらツナを缶汁ごと加え、サッと混ぜて塩、こしょうで味をととのえる。水溶き片栗粉を加え、とろみをつける。

93

きのこセット

使いやすく、切る手間も少ない
便利な冷凍セット。

冷凍セットの作り方

材料（約200g分）

しめじ（石づきを取ってほぐす）…1パック分
しいたけ（石づきを取って薄切り）…4個分
えのきだけ（石づきを取って長さ半分に切って
　ほぐす）…½パック分
エリンギ（長さ半分、縦4等分に切る）…½パッ
　ク分

作り方

一緒に保存袋に入れて冷凍！

5分

食べるときは、レタスごとどうぞ

きのこあんのレタス包み

材料(2人分)

冷凍きのこセット…200g

豚薄切り肉(細切り)…100g

顆粒中華スープの素…少々

A ┌ **オイスターソース**…大さじ1
　└ **こしょう**…少々

水溶き片栗粉…片栗粉小さじ1+水大さじ1

レタス…小さめの葉4枚

サラダ油…適量

作り方

1 フライパンにサラダ油を熱し、中火で豚肉を炒める。肉の色が変わってきたら冷凍きのこセットと水1/4カップ、顆粒中華スープの素を加え、ふたをして3分ほど蒸し焼きにする。

2 ふたをはずしてサッと炒め合わせ、Aを加えて調味する。水溶き片栗粉を加えてとろみをつける。4等分してレタスにのせ、器に盛る。

95

レモンを絞ってさっぱり仕上げに

きのこのホイル焼き

10分

材料 (2人分)

冷凍きのこセット…200g

A ┌ 塩…小さじ1/4
  │ こしょう…適量
  └ オリーブ油…大さじ1

レモン(くし形切り) …1/4個分

作り方

1 大きめに切ったアルミホイルに冷凍きのこセット
  1/2量をのせてAの1/2量をふり、しっかり包む。
  残りも同様に作る。

2 オーブントースター (1000W)で10〜12分焼
  く。器にのせ、食べるときにレモンを絞る。

冷凍きのこセットを加えて炊くだけ

きのこの炊き込みご飯

材料(2人分)

冷凍きのこセット…100g

米…2合

A
- しょうゆ…大さじ2
- 塩…少々
- ごま油…小さじ½

作り方

1 米は洗って炊飯器の内釜に入れ、2合の目盛り まで水を加えて30分ほど浸水させる。

2 Aを加えて混ぜ、冷凍きのこセットをのせて普通 に炊く。

97

冷凍すれば1玉すぐに使いきり!

キャベツセット

なかなか使いきれないキャベツ
は、長ねぎやピーマンとセット。
炒めものなど気軽に使えます。

冷凍セットの作り方

材料(約300g分)

キャベツ(ざく切り)…1/4個分
ピーマン(乱切り)…2個分
長ねぎ(小口切り)…1/2本分

↓

作り方
一緒に保存袋に入れて
冷凍!

98

5分

凍ったまま炒めるだけだから簡単

肉野菜炒め

材料(2人分)

冷凍キャベツセット…200g

にんにく(薄切り)…1/2片分

豚バラ薄切り肉(ひと口大に切る)…100g

塩…小さじ1/4

粗びき黒こしょう・サラダ油…各適量

作り方

1 フライパンにサラダ油を熱し、豚肉、にんにくを中火で炒める。

2 肉の色が変わったら冷凍キャベツセットを加えて水大さじ2をふり、ふたをして2〜3分蒸し焼きにする。

3 ふたをはずして水けをとばすように炒め合わせ、塩、粗びき黒こしょうで味をととのえる。

99

あさりを加えてチャウダー風にしてもおいしい！

キャベツのミルク煮込み

材料(2人分)

冷凍キャベツセット…300g
ハム(8等分に切る)…4枚分
コーン(ホールタイプ)…大さじ2
顆粒中華スープの素…少々
牛乳…1カップ
塩…小さじ1/4
こしょう…適量
水溶き片栗粉…片栗粉小さじ1+水大さじ1

作り方

1 鍋に水1/2カップ、顆粒中華スープの素を入れて火にかける。

2 沸騰したら冷凍キャベツセット、ハム、コーンを加え、ふたをして中火で2〜3分蒸し煮にする。

3 牛乳を加え、塩、こしょうで味をととのえる。再び沸騰してきたら水溶き片栗粉を加えてとろみをつける。

5分

ソーセージを加えればボリュームも満点！

キャベツ焼きそば

材料(2人分)

冷凍キャベツセット…200g

ソーセージ(斜め切り) …4本分

中華蒸し麺…2玉

オイスターソース…大さじ2

サラダ油…適量

作り方

1 フライパンにサラダ油を中火で熱し、ソーセージを炒める。

2 冷凍キャベツセットと中華麺を加え、水¼カップを回しかける。ふたをして2〜3分蒸し焼きにする。

3 ふたをはずして水けをとばすように炒め合わせ、オイスターソースを加えて味をととのえる。

用途に合わせて、まとめて冷凍すればムダなし

いろいろ野菜セット

残り野菜はまとめて冷凍すればスープやカレーの具に。野菜の組み合わせも好みでOK。

冷凍野菜スープセット ▶ P103

<u>材料と分量の目安</u>（ほかの野菜でもOK・200g分）

ミニトマト（へたを取る）…6個分
にんじん（薄いいちょう切り）…4cm分
玉ねぎ（粗みじん切り）…1/3個分
セロリ（薄切り）…少々

冷凍チャーハンセット ▶ P104

<u>材料と分量の目安</u>（ほかの野菜でもOK・100g分）

にんじん（みじん切り）…4cm分
しいたけ（みじん切り）…2個分
玉ねぎ（みじん切り）…1/4個分
万能ねぎ（小口切り）…1/2束分

冷凍あんかけセット ▶ P105

<u>材料と分量の目安</u>（ほかの野菜でもOK・100g分）

しめじ（石づきを取ってほぐす）
　…1/2パック分
しいたけ（石づきを取って薄切り）
　…3個分
小松菜（3cm長さに切る）…4株分
にんじん（細切り）…4cm分
玉ねぎ（薄切り）…1/4個分

8分

朝食用にもぴったり!

野菜スープ

材料(2人分)

冷凍野菜スープセット…200g
ベーコン(1cm幅に切る)…1枚分
固形コンソメ…1個
塩…小さじ1/4
こしょう…適量

作り方

1 鍋に水2カップと固形コンソメを入れて強火にかける。

2 沸騰したら冷凍野菜スープセットとベーコンを加えてふたをする。再び沸騰したら中火で5分ほど煮込み、塩、こしょうで味をととのえる。

みじん切りのセット冷凍が超便利！

⏱8分

チャーハン

<u>**材料**</u>(2人分)

冷凍チャーハンセット…100g
卵…2個
ソーセージ（半月切り）…2本分
ご飯…茶碗2杯分
塩・しょうゆ…各小さじ¼
こしょう・サラダ油…各適量

<u>**作り方**</u>

1 卵はボウルに溶きほぐし、塩を加えて混ぜる。

2 ライパンにサラダ油を中火で熱し、**1**を流し入れる。大きく混ぜてスクランブルエッグを作り、取り出す。

3 フライパンに油を足し、冷凍チャーハンセットとソーセージを入れて強めの中火で炒める。野菜がしんなりしたら、**2**、ご飯を加えて炒め合わせる。こしょう、しょうゆで調味する。

104

野菜セットがあればすぐ作れる

6分

あんかけ丼

材料(2人分)

冷凍あんかけセット…100g
豚薄切り肉(細切り)…80g
オイスターソース…大さじ1
水溶き片栗粉…片栗粉小さじ1+水大さじ1
ご飯…丼2杯分
サラダ油…適量

作り方

1 フライパンにサラダ油を熱し、中火で豚肉を炒める。

2 肉の色が変わってきたら冷凍あんかけセットを加え、水1/2カップをふってふたをする。湯気が出てきたら3〜4分蒸し焼きにする。

3 ふたをはずしてサッと炒め合わせ、オイスターソースを加えて調味する。水溶き片栗粉を回し入れてとろみをつける。器にご飯を盛り、野菜あんをかける。

105

材料と分量の目安（ほかの野菜でもOK・200g分）

じゃがいも（4等分に切る）…1個分
にんじん（乱切り）…1/4本分
しめじ（石づきを取ってほぐす）…1/3パック分
ピーマン（ひと口大に切る）…1個分

同じセットでシチューも作れます

15分

カレーライス

材料（2人分）

冷凍カレーセット…200g
鶏もも肉（ひと口大に切る）…100g
カレールウ…4かけ
ご飯…2皿分
サラダ油…適量

作り方

1 鍋にサラダ油を熱し、中火で鶏肉を炒める。焼き色がついたら、水2カップを加える。

2 沸騰したら冷凍カレーセットを加えてふたをし、再び沸騰したら10分ほど煮込む。具材に火が通ったらカレールウを加えて溶かし、少し煮込む。

3 器にご飯を盛り、**2**をかける。

Column 3

豆腐も冷凍できます!

豆腐も、そのまま冷凍OK! 冷
凍すると豆っぽさが強くなり島豆
腐風の食感になります。木綿は
もちろん、絹豆腐も冷凍可能
（水が入っていない充てん豆腐
は冷凍にはむきません）。

冷凍するときは

パックのまま冷凍してOK。使うときはお湯につけて
解凍する。

冷凍した豆腐を使えば、水きりは不要

ゴーヤチャンプルー

材料(2人分)

冷凍木綿豆腐（パックごと）…1丁
ゴーヤ…200g（大1本分）
豚バラ肉（ひと口大に切る）…100g
溶き卵…2個分
紅しょうが（好みで）…少々
塩・しょうゆ…各適量
粗びき黒こしょう…少々
サラダ油…適量

作り方

1 ボウルに冷凍木綿豆腐をパックのまま入れ、
　熱湯をそそぐ（給湯器の熱いお湯〈42度以
　上〉でもよい）。しばらくおいて解凍されてき
　たら開封し、豆腐を手で押さえて水けをきり、
　大きく手でちぎる。

2 ゴーヤは縦半分に切り、スプーンで種とわたを
　除き、2mm幅の半月切りにする。

3 フライパンにサラダ油を熱し、中火でゴーヤと
　豚肉を炒める。ゴーヤがしんなりしたら、豆腐、
　溶き卵、好みで紅しょうがを加えて炒め合わせ、
　塩、しょうゆで調味する。器に盛り、粗びき黒
　こしょうをふる。

Column 3

冷凍豆腐は水分が抜けて
炒めものに使いやすいかたさに

豆腐と長ねぎの
ピリ辛炒め

材料（2人分）

冷凍木綿豆腐（パックごと）…1丁
長ねぎ（斜め薄切り）…1本分

A ┌ 豆板醤…小さじ1
　├ しょうゆ…大さじ1
　└ 砂糖…小さじ1/2

サラダ油…適量
ごま油…少々

作り方

1 ボウルに冷凍木綿豆腐をパックのまま入れ、
　熱湯をそそぐ（給湯器の熱いお湯〈42度
　以上〉でもよい）。しばらくおいて解凍され
　てきたら開封し、豆腐を手で押さえて水け
　をきり、食べやすい大きさにちぎる。

2 フライパンにサラダ油を熱し、中火で長ね
　ぎを炒める。しんなりしてきたら豆腐を加
　え、2〜3分炒める。

3 Aを加えて味をととのえ、ごま油をふる。

Part 3

下味つきセットの冷凍ワザ

肉や野菜、調味料までセットにした
下味つきセットなら、
フライパンに放り込むだけで
調理もラクチン。
自家製おかずセットを
いくつか用意しておくと役に立ちますよ。

下味つきセットで
おかずを作ってみましょう

冷凍セット

「調味料を入れる」→「材料を入れる」→
「もみ込む」→「密封して冷凍」が基本の手順。
流れを覚えてしまえば、
素材が変わっても同様に作れます。

1 袋を準備

冷凍用保存袋の口
をあける。口を外
側に折り返しておく
と、調味料や材料
が入れやすくなる。

2 調味料を入れる

計量スプーンや計
量カップで正確に
調味料を量り、袋
に入れる。

分量はしっかり
量って

3 よく混ぜる

袋の中で調味料を
よく混ぜる。みそ
のようにかたまり
になっているもの
は、溶かすようにも
み混ぜて。

4 肉を入れてもみ込む

しっかり味がつくように、肉から先に入れて袋の上からもみ込む。魚の場合はなじませる程度でOK。

5 野菜を入れる

野菜の水けはしっかりきって

野菜を上から入れる。解凍調理のときにあとから取り出す場合もあるので、入れる順番はレシピ通りに。

6 空気を抜いて密封

袋の片端を少しだけあけてとじ、下から巻き込むように中の空気を押し出す。圧縮袋のような密閉状態をめざして。

7 でき上がり！

袋の口をしっかりとじ、袋を平らにしたらでき上がり。このまま冷凍室へ！

下味冷凍セットは、解凍しながら同時に調理します。
おもに「蒸し焼き」、「煮込み」の2パターン。
慣れれば簡単に作れます。

[フライパンで蒸し焼き]

※「鶏とピーマンのオイスターソース炒め」。
　詳しいレシピはP.132参照。

1 野菜を取り出す

野菜を取り出すのは、色よく仕上げるため。袋から取れる分だけ取り出し、肉にくっついた分はそのままでOK。

2 フライパンに入れ水を加える

油をひいて冷凍セットを固まったまま入れ、蒸し焼きにするための水分を素材にふる。

3 ふたをして火をつける

水がはねるので、必ずふたをしてから点火。解凍されるまで、中火で5分ほどそのまま蒸し焼きにする。

4 肉をほぐす

少し溶けてきたら、箸で肉や野菜をほぐす。かたくてほぐれないときは、ふたをしてもう少し蒸し焼きにする。

5 さらに蒸し焼きにする

この時点では、まだ火が通っていない部分があるので、もう一度ふたをして6～9分加熱する。

6 汁けをとばして

肉にまだ赤い部分があればほぐしながら炒め、中まで完全に火が通ったらふたをはずし、強火にして汁けをとばす。

7 野菜を加える

1で取り出した野菜を加える。冷凍した野菜は組織が壊れているので、すぐに火が通る。

8 味をととのえる

味の入り具合を確認するためにも、最後の味見は大切。味をみて、足りなければ仕上げの調味料でととのえる。

でき上がり!

[鍋で煮込む]

※「ポトフ」。詳しいレシピはP.126参照。

1 湯を沸かして セットを入れる

レシピの分量の水を入れて沸騰させ、凍ったままの冷凍セットを入れる。袋の中で少しほぐすと入れやすい。

2 ふたをして煮る

ふたをしたほうが早く火が通る。セットを入れるといったん温度が下がるので、強火でOK。

3 アクを取る

煮立ったら中火に。肉や野菜からアクが出てきたらすくう。

失敗しない 解凍調理のコツ

・必ずふたを使う

ふたをすると解凍が早く進み、焦げつきにくくなります。ぴったりサイズのふたを用意しましょう。

4 肉をほぐす

徐々に肉や野菜が離れてくる。まだくっついている部分があれば箸でほぐし、ふたをしてしばらく煮る。

5 味をととのえる

最後に仕上げの調味料を入れて味をととのえる。鍋に入れてから、ほとんどほったらかしで一品完成！

でき上がり！

・火加減に注意

最初は強火で凍った素材を早く溶かし、解凍が進んだら、弱火か中火に。焦がさないよう、火加減には注意して。

・焦げそうになったら水を加えて

先に調味料が入るため、味によっては焦げやすいものも。心配なときは、水を追加して。

117

豚肉と豆のトマト煮

材料（2人分）

豚バラブロック肉（1cm角に切る）…100g

キドニービーンズ …½カップ

玉ねぎ（1cm角に切る）…1個分

A
┌ おろしにんにく… 1片分
│ 塩 …小さじ½
│ こしょう…少々
└ 酒または赤ワイン …大さじ3

固形コンソメ（刻む）…1個（顆粒は小さじ2弱）

作り方

冷凍用保存袋にA、豚肉を入れて
よくもみ込む。玉ねぎ、キドニー
ビーンズ、コンソメを加えて空気
を抜きながら密封し、冷凍する。

解凍と調理

用意するもの トマトジュース2カップ、塩・こしょう・
チリパウダー各少々

作り方

1 フライパンに冷凍セットを入れ、水½カップを
　ふる。ふたをして強火にかけ、湯気が出てきたら
　中火にして蒸し焼きにする。

2 5分ほどたったら上下を返してほぐし、ふたをし
　てさらに1～4分蒸し焼きにする。全体に火が
　通ったらトマトジュースを加え、沸騰したらふたを
　して弱火で8～10分煮る。塩、こしょう、チリパ
　ウダーで味をととのえる。器
　に盛り、あれば乾燥バジル
　少々（分量外）をふる。

冷凍した水煮豆は早く煮えるので、
短時間でおいしい煮込みに

豚肉と野菜の
しょうがあんかけ

材料（2人分）

豚薄切り肉（長さ半分に切る）…150g
えのきだけ…1袋
にんじん（5cm長さの細切り）…1/2本分

A ┌ 塩…少々
  ├ 酒…大さじ1
  └ おろししょうが…1かけ分

作り方

1 えのきだけは根元を落とし、長さ半分に切ってほぐす。

2 冷凍用保存袋にA、豚肉を入れてよくもみ込む。**1**、にんじんを加えて空気を抜きながら密封し、冷凍する。

解凍と調理

用意するもの めんつゆ（2倍濃縮）1/4カップ、水溶き片栗粉（片栗粉大さじ2＋水大さじ4）

作り方

1 鍋に水2カップ、めんつゆを入れ、ふたをして強火にかける。沸騰したら冷凍セットを入れる。再び沸騰したら中火にし、ほぐしながら8〜10分煮る。

2 味をみて足りなければ塩少々（分量外）でととのえ、水溶き片栗粉を加えてとろみをつける。

しょうがの風味を効かせた、素朴なおかず。
冷凍した野菜のしんなり感と
たっぷりのあんがマッチ

121

豚肉と青菜の塩炒め

冷凍セット

材料（2人分）

豚バラ薄切り肉…150g
ミニトマト…12～14個
チンゲン菜…2株

A ┌ 塩…少々
　├ おろしにんにく…½片分
　└ 酒…大さじ2

作り方

1 豚肉は食べやすい大きさに切る。ミニトマトはへたを取り、チンゲン菜の葉はざく切り、根元は食べやすい大きさに切る。

2 冷凍用保存袋に**A**、豚肉を入れてよくもみ込む。**1**の野菜を加えて空気を抜きながら密封し、冷凍する。

解凍と調理

用意するもの 塩小さじ¼、こしょう少々、酢大さじ1～2、サラダ油大さじ1

作り方

1 ボウルに冷凍セットの野菜を取り出す（取れる分だけでよい）。

2 フライパンにサラダ油をひいて冷凍セットの豚肉を入れ、水¼カップをふる。ふたをして強火にかけ、湯気が出てきたら中火にして5分ほど蒸し焼きにする。

シンプルな塩味ですが、
生のまま冷凍することで、
素材にしっかり味が入ります

3 上下を返して肉をほぐし、ふたをしてさらに3～5
分蒸し焼きにする。肉に火が通ったらふたをは
ずして汁けをとばし、**1**を加
えて炒め合わせる。塩、こ
しょうで味をととのえ、仕上
げに酢を回しかける。

豚とキャベツの
梅肉炒め

材料（2人分）

豚こま切れ肉…150g
キャベツ…1/4個
A ┌ 塩…小さじ1/4
　├ 酒…大さじ1
　└ 梅干し…2個

作り方

1 キャベツは芯を除き、ひと口大に切る。Aの梅干しは種を除き、粗くちぎる。

2 冷凍用保存袋にA、豚肉を入れてよくもみ込む。キャベツを加えて空気を抜きながら密封し、冷凍する。

解凍と調理

用意するもの しょうゆ小さじ1/2、サラダ油大さじ1

作り方

1 ボウルに冷凍セットのキャベツを取り出す（取れる分だけでよい）。

2 フライパンにサラダ油をひいて冷凍セットの豚肉を入れ、水1/4カップをふってふたをする。強火にかけ、湯気が出てきたら中火にして5分ほど蒸し焼きにする。

豚肉、キャベツ、梅干しの
常備食材で作れるお手軽セット

3 上下を返して肉をほぐし、ふたをしてさらに3～5
分蒸し焼きにする。肉に火が通ったら、ふたをは
ずして汁けをとばす。**1**を加
えて炒め合わせ、しょうゆで
調味する。

125

ポトフ

材料（2人分）

豚バラブロック肉…100g
じゃがいも…1個
にんじん…1/3本
玉ねぎ…1/2個
A ┌ 塩…小さじ1/4
　├ こしょう…少々
　└ 酒…大さじ3
固形コンソメ（刻む）…1個（顆粒は小さじ2弱）

作り方

1 豚肉は1cm厚さに切る。じゃがいもは4等分に切る。にんじんは縦4等分、玉ねぎは半分に切る。

2 冷凍用保存袋にA、豚肉を入れてよくもみ込む。1の野菜、コンソメを加えて空気を抜きながら密封し、冷凍する。

解凍と調理

用意するもの しょうゆ小さじ1、塩・こしょう各少々

作り方

1 鍋に水3カップを入れてふたをし、強火にかける。沸騰したら冷凍セットを入れ、再びふたをして沸騰したら中火にする。ほぐしながら20〜25分煮込み、しょうゆ、塩、こしょうを加えて味をととのえる。

2 器に盛り、あれば粒マスタード適量（分量外）を添える。

常備野菜とスライスしたかたまり肉で、
じっくり煮込むポトフ。 じゃがいもは
生のまま冷凍で食感をキープ

127

鶏ときのこの
バターしょうゆ炒め

材料（2人分）

鶏もも肉…1/2枚

しめじ・エリンギ・まいたけ…各1パック

にんにく…1片

A ┌ しょうゆ…大さじ1/2
　└ 酒…大さじ1

作り方

1 鶏肉は厚みを均一にし、ひと口大のそぎ切りにする。しめじは石づきを取り、小房に分ける。エリンギは長さ半分に切り、1cm角の棒状に切る。まいたけは石づきを取り、大きくほぐす。にんにくは薄切りにする。

2 冷凍用保存袋にA、鶏肉を入れてよくもみ込む。1のきのこ、にんにくを加えて空気を抜きながら密封し、冷凍する。

解凍と調理

用意するもの 塩・こしょう各少々、バター大さじ1、サラダ油大さじ1

作り方

1 ボウルに冷凍セットのきのこを取り出す（取れる分だけでよい）。

2 フライパンにサラダ油をひいて冷凍セットの鶏肉、にんにくを入れ、水1/4カップをふってふたをする。強火にかけ、湯気が出てきたら中火にして蒸し焼きにする。

たっぷりのきのことももも肉のセット。
きのこは冷凍するとさらにうまみアップ！

3 6分ほどたったら上下を返してほぐし、ふたをしてさらに4～7分蒸し焼きにする。肉に火が通ったら、ふたをはずして**1**を加え、炒め合わせる。塩、こしょうで味をととのえ、バターを加えてサッと混ぜる。

129

鶏の照り焼き

冷凍セット

材料（2人分）

鶏もも肉…1枚
小松菜…1/2束
A ┌ 酒・みりん…各大さじ1
　├ 砂糖…大さじ1/2
　└ しょうゆ…大さじ1と1/2

作り方

1 鶏肉は厚みを均一にし、ひと口大に切る。小松
　菜は食べやすい長さに切る。

2 冷凍用保存袋にA、鶏肉を入
　れてよくもみ込む。小松菜を加
　えて空気を抜きながら密封し、
　冷凍する。

解凍と調理

用意するもの サラダ油大さじ1

作り方

1 ボウルに冷凍セットの小松菜を取り出す（取れる
　分だけでよい）。

2 フライパンにサラダ油をひいて冷凍セットの鶏
　肉を入れ、水1/2カップをふってふたをする。強火
　にかけ、湯気が出てきたら中火にして蒸し焼きに
　する。

3 5分ほどたったら上下を返してほぐし、ふたをし
　てさらに3～5分蒸し焼きに
　する。肉に火が通ったら、ふ
　たをはずし、1を加えて炒め
　合わせる。

下ゆでいらずの小松菜ともも肉を、
甘辛味に漬け込んで焼くだけ

鶏とピーマンの
オイスターソース炒め

冷凍セット

材料(2人分)

鶏もも肉…1枚
ピーマン(赤・緑)…計6個
長ねぎ…1/3本
A ┌ オイスターソース…大さじ1
　└ 酒…大さじ2

作り方

1 鶏肉は厚みを均一にし、細切りにする。ピーマンは縦4〜6等分に切る。長ねぎは斜め薄切りにする。

2 冷凍用保存袋にA、鶏肉を入れてよくもみ込む。1の野菜を加えて空気を抜きながら密封し、冷凍する。

解凍と調理

用意するもの 塩・粗びき黒こしょう各少々、サラダ油大さじ1

作り方

1 ボウルに冷凍セットの野菜を取り出す(取れる分だけでよい)。

2 フライパンにサラダ油をひいて冷凍セットの鶏肉を入れ、水1/4カップをふってふたをする。強火にかけ、湯気が出てきたら中火にして蒸し焼きにする。

ピーマンは時間差で入れて色よく仕上げて。
強火でしっかり汁けをとばします

3 5分ほどたったら上下を返して肉をほぐし、ふた
をしてさらに6〜9分蒸し焼きにする。肉に火が
通ったら、ふたをはずして強火
にし、汁けをとばす。**1**を加え
て炒め合わせ、塩、粗びき黒こ
しょうで味をととのえる。

133

鶏肉となすのスタミナ炒め

材料（2人分）

鶏胸肉…1/2枚
なす…4本
玉ねぎ…1個

A ┌ おろしにんにく…1/2片分
  │ みそ・酒…各大さじ2
  │ 砂糖…大さじ1
  │ しょうゆ…大さじ1/2
  └ ごま油…小さじ1

作り方

1 鶏肉は厚みを均一にし、細切りにする。なすは乱切り、玉ねぎは薄切りにする。

2 冷凍用保存袋にAを入れて混ぜ、鶏肉を加えてよくもみ込む。1の野菜を加えて空気を抜きながら密封し、冷凍する。

解凍と調理

用意するもの 水溶き片栗粉（片栗粉大さじ1+水大さじ2）、一味唐辛子少々、サラダ油大さじ1/2

作り方

1 フライパンにサラダ油をひいて冷凍セットを入れ、水1/2カップをふってふたをする。強火にかけ、湯気が出てきたら中火にして蒸し焼きにする。

2 5分ほどたったら上下を返して肉をほぐし、ふたをしてさらに8〜10分蒸し焼きにする。肉に火が通ったらふたをはずし、水溶き片栗粉を加えてとろみをつける。器に盛り、一味唐辛子をふる。

にんにくが効いた
甘辛こってり味。
白いご飯がもりもりすすみます

ハーブチキンソテー

材料（2人分）

鶏手羽中…12本
パプリカ（赤）…1個
ズッキーニ…½本

A ┌ 塩…小さじ¼
  │ こしょう…少々
  │ おろしにんにく…少々
  └ オリーブ油…小さじ1
乾燥ハーブミックス…小さじ½

作り方

1 パプリカはひと口大の乱切り、ズッキーニは1cm
  厚さの輪切りにする。

2 冷凍用保存袋にA、鶏肉を入
  れてよくもみ込む。1、乾燥ハー
  ブミックスを加えて空気を抜
  きながら密封し、冷凍する。

用意するもの オリーブ油大さじ½

作り方

1 ボウルに冷凍セットの野菜を取り出す（取れる分
  だけでよい）。

2 フライパンにオリーブ油をひいて冷凍セットの鶏
  肉を入れ、水¼カップをふってふたをする。強火
  にかけ、湯気が出てきたら中火にして蒸し焼きに
  する。

骨つき肉を使うとごちそう感もアップ。
ハーブは、あれば生のものを使うと
風味豊かに

3 6分ほどたったら上下を返してほぐし、**1**を加える。
ふたをしてさらに6〜9分蒸し焼きにする。肉に
火が通ったら、ふたをはずし
て汁けをとばす。

チンジャオロースー

冷凍セット

材料（2人分）

牛こま切れ肉…150g
ピーマン（赤・緑）…各4個
にんにく…1片

A ┌ オイスターソース…大さじ1
  │ 酒…大さじ2
  └ 砂糖…小さじ1/2

作り方

1 ピーマンは縦細切りにする。にんにくは薄切りにする。

2 冷凍用保存袋にA、牛肉を入れてよくもみ込む。**1**を加えて空気を抜きながら密封し、冷凍する。

解凍と調理

用意するもの 粗びき黒こしょう少々、サラダ油大さじ1

作り方

1 ボウルに冷凍セットのピーマンを取り出す（取れる分だけでよい）。

2 フライパンにサラダ油をひいて冷凍セットの牛肉、にんにくを入れ、水1/4カップをふってふたをする。強火にかけ、湯気が出てきたら中火にして蒸し焼きにする。

3 4分ほどたったら上下を返してほぐし、ふたをしてさらに4〜6分蒸し焼きにする。肉に火が通ったらふたをはずし、**1**を加えて炒め合わせる。仕上げに粗びき黒こしょうをふる。

ご飯にのせて、丼にもできる
中華の定番おかず。
冷凍ピーマンは時間差で入れて色をキープ

大根と牛肉のチゲ鍋

材料（2人分）

牛こま切れ肉…150g
大根…200g
白菜キムチ…100g
せり…1束

A ┌ 砂糖・ごま油…各大さじ1
　│ コチュジャン・しょうゆ…各大さじ2
　└ 鶏ガラスープの素…小さじ1

作り方

1 大根は5cm長さの拍子木切り、白菜キムチは食べやすい大きさに切る。せりは4cm長さに切る。

2 冷凍用保存袋にA、牛肉を入れてよくもみ込む。1を順に加えて空気を抜きながら密封し、冷凍する。

解凍と調理

作り方

1 ボウルに冷凍セットのせりを取り出す（取れる分だけでよい）。

2 鍋に水2カップを入れてふたをし、強火にかける。沸騰したら冷凍セットを入れ、再び沸騰したら中火にする。ほぐしながら、ふたをして10～15分煮る。1を加えてひと煮立ちさせる。

お湯で解凍するだけで、鍋のでき上がり!
せりがないときは
春菊や水菜を最後に足しても

牛肉とレタスの
エスニック炒め

材料（2人分）

牛こま切れ肉…150g
レタス…大1/2個

A ┌ ナンプラー…大さじ1
  │ おろしにんにく…1/2片分
  └ 酒…大さじ2

作り方

1 レタスは縦4等分に切る。

2 冷凍用保存袋にA、牛肉を入
  れてよくもみ込む。1を加えて
  空気を抜きながら密封し、冷
  凍する。

解凍と調理

用意するもの 塩・粗びき黒こしょう各少々、サラダ
油大さじ1

作り方

1 ボウルに冷凍セットのレタスを取り出す（取れる
  分だけでよい）。

2 フライパンにサラダ油をひいて冷凍セットの牛肉
  を入れ、水1/4カップをふってふたをする。強火に
  かけ、湯気が出てきたら中火にして蒸し焼きにす
  る。

3 4分ほどたったら上下を返してほぐし、ふたをして
  4～6分蒸し焼きにする。肉に火が通ったらふた
  をはずし、1を加えてサッと炒め、塩、粗びき黒こ
  しょうで味をととのえる。器に盛り、あればちぎっ
  た香菜少々（分量外）を散らす。

レタスのしんなりした食感を楽しむ炒めもの。
ナンプラーの下味で変化がつきます

四角いハンバーグ

材料(2人分)

合いびき肉…200g
玉ねぎ…1/2個

A ┌ パン粉…大さじ2
  │ 塩・こしょう…各少々
  │ トマトケチャップ
  └ …大さじ1

作り方

1 玉ねぎはすりおろす。

2 冷凍用保存袋に1、A、ひき肉を入れてよくもみ
込む。菜箸で袋をしごいて肉
を寄せ、空気を抜きながら好
みの厚さで平らにして密封す
る。菜箸を押しつけて袋を半
分に折って冷凍する。

解凍と調理

用意するもの 好みの乾燥ハーブ・塩各少々、冷凍
じゃがいも(作り方P16の角切り)
100g、サラダ油大さじ1

作り方

1 フライパンにサラダ油をひき、冷凍セット、冷凍
じゃがいもを重ならないように並べ、水1/4カッ
プをふってふたをする。強火
にかけ、湯気が出てきたら中
火にして蒸し焼きにする。

袋の中で材料をもみ込めば、
ハンバーグの肉だねに！

2 ハンバーグとじゃがいもに焼き色がついたらそ
れぞれ上下を返し、弱火にしてふたをして7～10
分蒸し焼きにする。

3 フライパンの余分な脂を拭
き取り、じゃがいもにハーブ、
塩をふって器に盛る。

ポテトミートグラタン

材料（2人分）

豚ひき肉…150g
玉ねぎ…1/2個
じゃがいも…1個
A ┌ 塩…小さじ1/4
　├ こしょう…少々
　└ 白ワイン…大さじ2
固形コンソメ（刻む）…1個（顆粒は小さじ2弱）

作り方

1 玉ねぎは薄切りにする。じゃがいもは1cm厚さのいちょう切りにして水にさらす。

2 冷凍保存袋に**A**、ひき肉を入れてよくもみ込み、板状にのばす。すき間に**1**、コンソメを加えて空気を抜きながら密封し、冷凍する。

解凍と調理

用意するもの A［牛乳1カップ、小麦粉大さじ3］、
ピザ用チーズ20g

作り方

1 フライパンに粗く折った冷凍セットを入れ、水1カップをふってふたをする。強火にかけて、湯気が出てきたら中火にする。

具材だけ下味冷凍して、仕上げは牛乳で。
市販の冷凍グラタンのように手軽です

2 5分ほどたったら上下を返して、ほぐし、ふたをしてさらに3〜5分煮込む。じゃがいもに火が通ったらふたをはずし、混ぜ合わせた**A**を加え、強火にして鍋底から混ぜる。

3 とろみがついたら耐熱皿に移してピザ用チーズを散らし、温めておいたオーブントースターで焦げ目が軽くつくまで焼く。**147**

ひき肉となすの中華炒め

材料（2人分）

豚ひき肉…150g

なす…4本

A
- 豆板醤…小さじ1/2
- にんにく…1/2片
- しょうが…1/2かけ
- 酒…大さじ2
- 鶏ガラスープの素…少々
- 塩…小さじ1/4

作り方

1 なすはへたを落とし、長さ半分に切って縦4〜6等分に切る。Aのしょうが、にんにくはみじん切りにする。

2 冷凍保存袋にA、ひき肉を入れてよくもみ込む。板状にのばしてすき間になすを加え、空気を抜きながら密封し、冷凍する。

解凍と調理

用意するもの 塩・粗びき黒こしょう各少々、水溶き片栗粉（片栗粉大さじ1+水大さじ2）、万能ねぎの小口切り少々、ごま油大さじ1

作り方

1 フライパンにごま油をひいて冷凍セットを入れ、水1/4カップをふってふたをする。強火にかけ、湯気が出てきたら中火にする。

ひき肉はポロポロにせず、
かたまりっぽく残っていてもOK。
肉感が出ます

2 5分ほどたったら上下を返して、ほぐし、ふたをし
   てさらに5～7分蒸し焼きにする。なすに火が
   通ったらふたをはずし、強火
   にして汁けが半分くらいに
   なるまで煮つめる。

3 塩、粗びき黒こしょうで味を
   ととのえ、水溶き片栗粉を加えてとろみをつける。
   器に盛り、万能ねぎを散らす。

149

鮭のみそマヨ漬け

材料（2人分）

生鮭…2切れ
ブロッコリー…½個

A ┌ 塩…少々
　├ みそ…大さじ1
　└ マヨネーズ…大さじ2

作り方

1 ブロッコリーは小房に分ける。

2 冷凍用保存袋にA、鮭を入れてなじませる。**1**を加えて空気を抜きながら密封し、冷凍する。

作り方

1 オーブントースターの天板にオーブンシートを敷き、手前に冷凍セットのブロッコリー、奥に鮭を重ならないように並べ、袋に残った調味料を塗る（一度に並べきれない場合は2回に分ける）。

2 温めたオーブントースターで15〜18分焼く。鮭がくっついている場合は途中で離し、焦げそうになったらアルミホイルをかぶせる。ブロッコリーは火が通ったら取り出す。

ブロッコリーのほうが早く火が通るので
時間差で取り出すのがコツ

鮭の甘酢炒め

冷凍セット

材料（2人分）

生鮭… 2切れ
長ねぎ…1/4本
ピーマン…2個

A
- めんつゆ（2倍濃縮）…大さじ1
- 豆板醤…小さじ1/2
- 砂糖…小さじ1

作り方

1 鮭は3等分に切る。長ねぎは2cm幅の斜め切り、ピーマンは乱切りにする。

2 冷凍用保存袋にA、鮭を入れてなじませる。1の野菜を加えて空気を抜きながら密封し、冷凍する。

解凍と調理

用意するもの 酢小さじ1、ごま油・塩・こしょう各少々

作り方

1 フライパンに冷凍セットを入れ、水1/4カップをふってふたをする。強火にかけ、湯気が出てきたら中火にして蒸し焼きにする。

2 5分ほどたったら鮭の上下を返してほぐしながら、ふたをしてさらに5〜8分蒸し焼く。全体に火が通ったらふたをはずし、酢、ごま油を回しかけ、サッと炒め合わせて塩、こしょうで味をととのえる。

先に酢を入れると酸味がとぶので、
仕上げに加えて風味を効かせます

鮭のクリームソース煮

材料（2人分）

生鮭…2切れ
じゃがいも…1個
にんじん…1/3本
固形コンソメ（刻む）…1個（顆粒は小さじ2弱）

A ┌ 塩…小さじ1/4
　├ こしょう…少々
　└ 白ワイン…大さじ2

作り方

1 じゃがいもは半分をすりおろし、残りを4等分に
切る。にんじんは5mm厚さの半月切りにする。

2 冷凍用保存袋にA、鮭を入れ
てなじませる。**1**、コンソメを
加えて空気を抜きながら密封
し、冷凍する。

解凍と調理

用意するもの A［牛乳1カップ、小麦粉大さじ1］、
塩・こしょう各少々

作り方

1 フライパンに水1カップを入
れてふたをし、強火にかける。
沸騰したら冷凍セットを入
れ、再び沸騰したら中火にす
る。

ごろごろ野菜と合わせて。
じゃがいもは半分すりおろすと、
とろみがつきます

2 野菜をほぐしながら、7分ほ
どたったら鮭の上下を返す。
ふたをしてさらに5〜8分煮
る。全体に火が通ったらふ
たをはずし、混ぜ合わせたAを加え、とろみがつ
くまで煮る。塩、こしょうで味をととのえる。

3 器に盛り、あればみじん切りにしたパセリ少々（分
量外）をふる。

155

ぶりの照り焼き

材料（2人分）

ぶり…2切れ
ししとう…8本

A
- 砂糖…大さじ½
- みりん…大さじ1
- しょうゆ…大さじ2
- 酒…¼カップ

作り方

1 ししとうは爪楊枝などで穴をあける。

2 冷凍用保存袋にA、ぶりを入れてなじませる。1を加えて空気を抜きながら密封し、冷凍する。

解凍と調理

作り方

1 ボウルに冷凍セットのししとうを取り出す（取れる分だけでよい）。

2 フライパンに冷凍セットのぶりを入れ、水¼カップをふってふたをする。強火にかけ、湯気が出てきたら中火にして蒸し焼きにする。

3 5分ほどたったら上下を返し、ふたをして3〜5分蒸し焼きにする。1を加えてさらに1〜2分蒸し焼きにし、ふたをはずして汁けをとばす。

下味冷凍で甘辛だれがまんべんなくからみ、
料亭風のでき栄えです！

かじきのトマト煮

冷凍セット

材料（2人分）

かじき…2切れ
トマト…1個
玉ねぎ…1/2個
黒オリーブ（種抜き） … 10個

A ┌ トマトケチャップ
  │ …大さじ2
  │ 塩…小さじ1/4
  │ こしょう…少々
  └ 固形コンソメ（刻む）…1個（顆粒は小さじ2弱）

作り方

1 かじきは棒状に切る。玉ねぎ
   はすりおろし、トマトはざく切
   りにする。

2 冷凍用保存袋にA、玉ねぎ、
   かじきを入れてなじませる。
   トマト、オリーブを加えて空気を抜きながら密封
   し、冷凍する。

解凍と調理

用意するもの 塩・こしょう各少々、オリーブ油小さ
じ1

作り方

1 フライパンに冷凍セットを
   入れ、水1/2カップをふって
   ふたをする。強火にかけ、湯
   気が出てきたら中火にして
   蒸し焼きにする。

トマトとオリーブで洋風に。
かじきは下処理したさんまに替えてもOK

2 5分ほどたったら上下を返してほぐし、ふたをして7〜10分蒸し焼きにする。塩、こしょうで味をととのえ、オリーブ油を回しかける。器に盛り、あれば刻んだイタリアンパセリ少々（分量外）を飾る。

たらのねぎ蒸し

材料（2人分）

生たら…2切れ
しょうが…1かけ
長ねぎ…½本

A ┌ 塩…小さじ¼
 │ こしょう・鶏ガラスープの素…各少々
 │ ごま油…小さじ1
 └ 酒…大さじ2

作り方

1 しょうが、長ねぎはせん切りにする。

2 冷凍用保存袋にA、たらを
 入れてなじませる。1を加え
 て空気を抜きながら密封し、
 冷凍する。

解凍と調理

作り方

1 冷凍セットの野菜を取り出し（取れる分だけでよい）、耐熱皿に並べる。野菜の上にたらを重ならないように並べ、水大さじ2をふる。

2 ふんわりとラップをかけて電子レンジで6～7分加熱する。たらがくっついている場合は、途中で離す。器にたら、ねぎの順に盛り、味が足りない場合は、しょうゆ少々（分量外）を垂らす。

さっぱり味で食べたいときのおすすめセット。
身が崩れやすいので電子レンジ調理で

トマトとえびの中華炒め

材料（2人分）

えび…大10尾
トマト…大3個

A ┌ 豆板醤・塩…各小さじ½
　│ 長ねぎ…⅓本
　│ おろししょうが…1かけ分
　└ こしょう・鶏ガラスープの素…各少々

作り方

1 えびは頭と殻を除き、背わたを取る。トマトはへたを取り、くし形に切る。Aの長ねぎはみじん切りにする。

2 冷凍用保存袋にA、えびを入れてなじませる。トマトを加えて空気を抜きながら密封し、冷凍する。

解凍と調理

作り方

1 ボウルに冷凍セットのトマトを取り出す（取れる分だけでよい）。

2 フライパンに冷凍セットのえびを入れ、水¾カップをふってふたをする。強火にかけ、湯気が出てきたら中火にして蒸し焼きにする。

3 5分ほどたったらえびの上下を返してほぐし、ふたをしてさらに4〜7分蒸し焼きにする。1を加えてサッと混ぜ、さらに1〜2分蒸し焼きにする。味をみて、足りなければしょうゆ少々（分量外）でととのえる。器に盛り、あれば刻んだ香菜少々（分量外）をのせる。

えびチリのような
豪華おかずも手軽にストック
火の通りが早いので、
急いでいるときにも便利！

えびとズッキーニの ハーブ焼き

材料（2人分）

えび…大10尾
ズッキーニ…½本

A ┌ 塩…小さじ½
  │ おろしにんにく…½片分
  │ 乾燥ハーブ（ローズマリー、オレガノなど）
  │   …大さじ1
  └ 白ワイン…大さじ3

作り方

1 えびは頭と殻を除き、尾、背わたを取る。ズッキーニは長さ半分に切り、縦4〜6等分に切る。

2 冷凍用保存袋にA、えびを入れてなじませる。ズッキーニを加えて空気を抜きながら密封し、冷凍する。

解凍と調理

用意するもの 粗びき黒こしょう少々、オリーブ油大さじ1

作り方

1 ボウルに冷凍セットのズッキーニを取り出す（取れる分だけでよい）。

ドライハーブのかわりに
生のローズマリーを入れると
風味が増します

2 フライパンに冷凍セットのえびを入れ、水½カッ
プをふってふたをする。強火にかけ、湯気が出て
きたら中火にして蒸し焼きにする。

3 5分ほどたったらえびの上下を返してほぐす。**1**
を加え、ふたをして5～8分蒸し焼きにする。ふ
たをはずして汁けをとばし、オリーブ油を回しか
けて粗びき黒こしょうをふる。

165

いかの
コチュジャン炒め

冷凍セット

材料（2人分）

するめいか…1ぱい
玉ねぎ…1/2個
キャベツ…2〜3枚

A
- おろししょうが…1かけ分
- おろしにんにく…1片分
- コチュジャン・酒…各大さじ2
- しょうゆ…大さじ1
- 砂糖…小さじ2
- 酒…1/4カップ

作り方

1 いかは胴から足をはずし、内臓を取り出す。軟骨を除き、胴は1cm幅の輪切り、足は食べやすく分ける。玉ねぎは1cm幅に切る。キャベツは食べやすい大きさにちぎる。

2 冷凍用保存袋にA、いかを入れて軽くもみ込む。1の野菜を順に加えて空気を抜きながら密封し、冷凍する。

パンチの効いた味が、
ご飯にもお酒にもよく合います

解凍と調理

用意するもの ごま油大さじ1

作り方

1 ボウルに冷凍セットのキャベツを取り出す（取れる分だけでよい）。

2 フライパンにごま油をひいて冷凍セットのいか、玉ねぎを入れ、水¾カップをふってふたをする。強火にかけ、湯気が出てきたら中火にして蒸し焼きにする。

3 5分ほどたったらいかの上下を返してほぐし、**1**を加える。ふたをしてさらに3〜4分蒸し焼きにする。味をみて、足りなければしょうゆ少々（分量外）でととのえる。

167

Part 4

下味つき
パスタの
冷凍ワザ

ショートパスタと野菜や肉、
魚を組み合わせた冷凍セットです。
調理するときは
フライパンで蒸し煮にするだけ。
軽く味つけすればでき上がり。
1人分ずつ作っておくと便利です。

パスタセットを作ってみましょう

ブロッコリーと
キャベツのツナパスタ

冷凍セット

材料(1人分)

ブロッコリー…½個(100g)
キャベツ…⅛個(100g)
ショートパスタ…50g
固形コンソメ…½個
赤唐辛子…1本

169

作り方

1 パスタを水につける

冷凍用保存袋にパスタを入れ、水1カップをそそいで10分おく。

2 その間に具材を切る

キャベツはひと口大に切り、ブロッコリーは小房に分ける。赤唐辛子は半分に切って種を取る。

3 パスタの水をきる

10分たったら、**1**の水をしっかりきる。

4 コンソメを入れる

コンソメをそのまま入れる。調味料は野菜より先に入れたほうが、パスタにも味がしみやすい。

5 野菜を詰める

2の具材を入れる。なるべくすき間ができないように、しっかり詰めて。

6 空気を抜いて密封

片端を少しだけあけて、袋の口を閉じ、上から押すようにして空気を抜きながら、袋の口を全部閉じる。

7 平らにならす

加熱ムラを防ぐため、袋の表面を手のひらで軽くたたいて、具材を均等な厚さにならす。

8 でき上がり

名前を書いたマスキングテープを貼って冷凍する。アルミなど金属トレイの上に平らに置くと、冷凍時間が短縮できる。しっかり凍ったら、立てて収納すると、スペースをとらず取り出しやすい!

／冷凍で約2～3週間\
保存OK

171

用意するもの ツナ缶（油漬け）小1缶（70g）、
塩・粗びき黒こしょう各少々

作り方

**1 具材を
軽くほぐす**

冷凍セットは袋の上か
ら軽くほぐしておくと、
取り出しやすい。

**2 熱湯にセットを
入れる**

フライパンに水1と½
カップを入れてふたをし、
強火にかける。沸騰し
たら**1**を入れる。

**3 ふたをして
蒸し煮にする**

ふたをして再び沸騰した
ら強めの中火にし、7〜
8分蒸し煮にする。

4 途中で
具材をほぐす

少しほぐれたら、パスタ
がくっついているところ
を菜箸などでほぐす(状
態に合わせて2～3回)。

5 ツナ缶を加える

7～8分たったら、ふた
をはずしてツナを油ご
と加え、強火にして水分
をとばす。

6 味をととのえる

水分がなくなったら塩、
粗びき黒こしょうで味を
ととのえる。

ミニトマトの
ボンゴレパスタ

材料(1人分)

ミニトマト(へたを取る)…9〜10個(150g)
あさり(殻つき・砂抜きしたもの)…100g
玉ねぎ…¼個(50g)
おろしにんにく…½片分
ショートパスタ…50g

作り方

1 あさりは洗って水けを拭く。玉ねぎは1cm幅のくし形切りにする。

2 冷凍用保存袋にパスタを入れ、水1カップをそそぐ。10分おいて水を捨て、1、ミニトマト、にんにくを加えて空気を抜きながら口を閉じ、冷凍する。

解凍と調理

用意するもの オリーブ油大さじ1、ナンプラー大さじ½、香菜少々

作り方

1 フライパンに水1と½カップを入れてふたをし、強火にかける。沸騰したら軽くほぐした冷凍セットを入れてふたをする。再び沸騰したら強めの中火にし、途中で2〜3回ほぐしながら7〜8分蒸し煮にする。

2 ふたをはずし、強火にして水分をとばす。オリーブ油を回し入れ、ナンプラーで味をととのえる。器に盛り、ちぎった香菜をのせる。

仕上げはナンプラーと香菜で
エスニック風に

きのこクリームパスタ

材料(1人分)

しめじ…1パック(100g)
まいたけ…½パック(50g)
厚切りベーコン…30g
玉ねぎ…¼個(50g)
ショートパスタ…50g
固形コンソメ…½個

作り方

1 しめじは石づきを除いて小房に分ける。まいたけは食べやすくほぐす。ベーコンは1cm幅の棒状に、玉ねぎは1cm幅のくし形に切る。

2 冷凍用保存袋にパスタを入れ、水1カップをそそぐ。10分おいて水を捨て、1、固形コンソメを加えて空気を抜きながら口を閉じ、冷凍する。

用意するもの 牛乳½カップ、スライスチーズ2〜3枚、塩・粗びき黒こしょう各少々

作り方

1 フライパンに水1と½カップを入れてふたをし、強火にかける。沸騰したら軽くほぐした冷凍セットを入れ、ふたをする。再び沸騰したら強めの中火にし、途中で2〜3回ほぐしながら7〜8分蒸し煮にする。

2 ふたをはずして1分ほど煮つめ、牛乳、細かくちぎったスライスチーズを加える。チーズを混ぜ溶かし、とろみがついたら塩、粗びき黒こしょうで味をととのえる。

チーズでとろみとコクを加えて
仕上げます

小松菜とじゃこのパスタ

冷凍セット

材料 (1人分)

小松菜…²/₃束（150g）
長ねぎ…¹/₃本（50g）
ちりめんじゃこ…大さじ4（20g）
ショートパスタ…50g
A ┌ 赤唐辛子…1本
　└ 和風顆粒だしの素…小さじ¹/₂

作り方

1 小松菜はざく切り、長ねぎは1cm幅の斜め切りにする。Aの赤唐辛子は半分に切って種を取る。

2 冷凍用保存袋にパスタを入れ、水1カップをそそぐ。10分おいて水を捨て、1の野菜、ちりめんじゃこ、Aを加えて空気を抜きながら口を閉じ、冷凍する。

解凍と調理

用意するもの ごま油大さじ1

作り方

1 フライパンに水1と¹/₂カップを入れてふたをし、強火にかける。沸騰したら軽くほぐした冷凍セットを入れ、ふたをする。再び沸騰したら強めの中火にし、途中で2〜3回ほぐしながら7〜8分蒸し煮にする。

2 ふたをはずし、強火にして水分をとばす。仕上げにごま油を回し入れてサッと炒める。

ごま油の香りで風味よく仕上げます

肉・魚の便利な

薄切り肉

煮もの、炒めものなど幅広く使えます。下味をつけた肉は炒めもの向き。半分または食べやすい大きさに切って冷凍保存して。

材料と下ごしらえ

薄切り肉（豚または牛）…200g
焼き肉のたれ…大さじ2〜3

肉は長さ半分に切って保存袋に入れ、焼き肉のたれを加えて軽くもんでなじませる。

そのまま　➡　冷凍

こんな料理に
使える！

半解凍して漬け汁ごとフライパンで焼き、ご飯にのせれば、即席焼き肉丼に！　野菜と一緒に炒めても。

こま切れ肉

なんといっても、豚も牛も安い
のがうれしい！　しっかり味を
つけてしまうと用途が限られる
ので、塩、こしょう、酒だけで。

材料と下ごしらえ

こま切れ肉または切り落とし（豚または牛）…200g
塩・こしょう…各適量
酒…大さじ1

肉を保存袋に入れ、塩、
こしょう、酒をふって袋
の中でもみ込む。空気
を抜いて板状にする。

そのまま ⬇ 冷凍

こんな料理に
使える！

炒めもの、煮ものなどさまざまな料理に幅広く使え
る。使うときは半解凍して漬け汁ごと一緒に調理して。

かたまり肉

食べやすい厚さに切って保存します。食べごたえがあり、塩、ごま油をふって冷凍すれば焼き肉などに使えます。

豚かたまり肉（肉の断面に沿って厚めに切る）
　…200〜300g
塩・ごま油…各適量

肉の表面に塩をまぶして保存袋に入れ、ごま油を加える。

そのまま ⬇ 冷凍

こんな料理に
使える！

おすすめはサムギョプサル（韓国風焼き肉）。半解凍した肉をフライパンで焼くだけ。炒めものなどにも。

合いびき肉

ハンバーグだねにして冷凍しておくと、いろんな使い方ができて便利。ひき肉はいたみやすいので、作ったら早めに使いましょう。

材料と下ごしらえ

合いびき肉…200g
玉ねぎ(みじん切り)…¼個分
塩・こしょう・パン粉…各適量
卵…1個

ボウルにすべての材料を入れて粘りが出るまで混ぜる。保存袋に入れて平らにのばし、凍ったまま折れるように縦、横に菜箸を押しつけて筋をつける。

そのまま ↓ 冷凍

こんな料理に使える!

凍った肉を使う分だけ折って解凍し、丸くまとめてハンバーグに。パン粉を入れなければ肉だんご、コロッケなどにも使える。

鶏もも肉

照り焼き、筑前煮など和食にも出番が多いもも肉。下味をつけて、片栗粉をまぶして揚げれば竜田揚げも簡単！

材料と下ごしらえ

鶏もも肉（厚めの斜めそぎ切り）
　…1枚分（200〜300g）

A┬ 酒・みりん…各大さじ1
　│ 砂糖…大さじ½
　└ しょうゆ…大さじ1強

肉を保存袋に入れ、A
を加えてもみ込む

そのまま　↓　冷凍

こんな料理に
使える！

フライパンにサラダ油を熱し、半解凍した肉を漬け汁ごと入れ、両面をこんがり焼き、くわ焼き（照り焼き）に。筑前煮など煮ものにも使える。

鶏むね肉

比較的リーズナブルなむね肉は、節約家計の強い
味方。肉が厚い部分は浅
く切り目を入れて、下味が
入りやすいようにします。

材料と下ごしらえ

鶏むね肉（ひと口大に切る）…1枚分（200g）

A［ しょうゆ・酒…各大さじ2
　　おろししょうが…½かけ分

厚みのある部分に浅く
切り込みを入れ、Aと一
緒に保存袋に入れる。

そのまま → 冷凍

こんな料理に
使える！

半解凍して小麦粉をまぶし、から揚げに。カレー粉
を加えたり、マヨネーズを塗ってオーブントースター
で焼いても。

鶏ささみ

低カロリーでヘルシーですが、ぱさつきやすく、調理しにくいのが難点。レンジで蒸して、細かく裂いて冷凍すると使いやすい。

鶏ささみ…2本
好みのドレッシング(ノンオイル以外)
　…大さじ2～3

ささみは耐熱皿にのせてラップをかけ、電子レンジで2分加熱。粗熱を取り、細く裂く。保存袋に入れて、ドレッシングを加える。

そのまま　↓　冷凍

こんな料理に
使える!

半解凍してサラダやあえものの具にしたり、パンにはさんでサンドイッチなどに。ドレッシングの味で和風にも洋風にもできる。

Part5 肉・魚冷凍ワザ
肉

鶏手羽先

骨つき肉はボリュームがあり、お
かずが豪華に見えるのがいいと
ころ。下味がしみにくいので、
フォークで穴をあけて。

材料と下ごしらえ

鶏手羽先…6本

A
- しょうゆ・みりん…各大さじ2
- おろししょうが…1/2かけ分
- おろしにんにく…1/2片分
- 一味唐辛子…少々
- ごま油…大さじ1/2

肉はフォークで何か所
か穴をあける。保存袋
に入れてAを加える。

そのまま ↓ 冷凍

こんな料理に
使える！

フライパンにサラダ油を熱して半解凍した肉を漬け
汁ごと入れ、両面こんがり焼いてピリ辛焼きに。か
ら揚げ、煮ものなどに使っても。

鮭

ビタミンDが豊富で値段も手ごろな鮭は、普段から積極的にとりたいもの。下味にレモンを少し入れると、風味がさわやかになります。

材料と下ごしらえ

生鮭…2切れ
レモン（輪切り）…1〜2枚
A ┌ しょうゆ・酒…各大さじ1
  └ レモン汁…大さじ1/2

鮭を重ならないように保存袋に入れ、レモン、Aを加える。

そのまま ⬇ 冷凍

調理するときには

凍った袋のまま電子レンジで5〜6分加熱すると、簡単レモン蒸しができる。

かじき

くさみもなく食べやすいかじき。下味に梅干しを入れるとさっぱり、お弁当にも向きます。袋に入れるときは重ならないように気をつけて。

材料と下ごしらえ

かじき…2切れ

A
┌ 酒・みりん・しょうゆ…各大さじ1/2
│ 水…大さじ2
└ 梅干し（種を除いて半分にちぎる）…1個

かじきを重ならないように保存袋に入れ、Aを加える。

そのまま ↓ 冷凍

調理するときには

フライパンを熱してサラダ油をひき、凍ったままかじきを入れ、ふたをして中火で焼くと梅しょうゆ焼きに。梅をゆずに替えてもよい。

ぶり

下味をつけて冷凍したあと、
凍ったままフライパンへ。両面
焼いて、たれをよくからめるだけ
で、ぶりの照り焼きができます。

材料と下ごしらえ

ぶり…2切れ
A⌈ しょうゆ…大さじ1
 ⌊ 酒・みりん…各大さじ2

ぶりを重ならないように
保存袋に入れ、Aを加
える。

そのまま ↓ 冷凍

調理するときには

フライパンを熱してサラダ油をひき、ぶりを凍ったま
ま入れ、ふたをして弱めの中火で焼く。

たら

鍋や蒸し料理でさっぱり食べる
のもいいけれど、みそマヨねぎ
だれもおすすめ。しっかりとした
味でご飯がすすみます！

材料と下ごしらえ

たら…2切れ

A
┌ 長ねぎ（みじん切り）…5cm分
│ みそ…大さじ2弱
└ マヨネーズ…小さじ2

Aを混ぜ合わせ、たらの
片面に塗る。1切れず
つラップで包み、保存
袋に重ならないように
入れる。

そのまま ⬇ 冷凍

調理するときには

耐熱皿に、凍ったまま並べ、ラップをして電子レンジ
で5～6分加熱する。

料理研究家。冷凍保存・調理のスペシャリストとして人気。

短大卒業後、調理師専門学校、製菓学校を経て、フランス料理店に勤務。2002年、イタリアに留学し、トスカーナ地方の家庭料理を中心に学ぶ。帰国後、老舗精進料理店に勤務したのち、料理研究家となり、独立。テレビ、雑誌、書籍を中心に活躍中。

池上正子
いけがみまさこ

著書に『農家直伝 たくさんとれた野菜の保存と料理』（永岡書店）、『冷凍するだけ つくりおき』（学研プラス）など。

STAFF

撮影／杉野真理、ナカムラユウコ、原ヒデトシ
本文デザイン／釜内由紀江、五十嵐奈央子（GRiD）
校正／くすのき舎
編集協力／坂本典子、佐藤由香（シェルト＊ゴ）

※本書は弊社発行の『生で冷凍、そのまま調理のすごワザ便利帳』『ラクラク、おいしい！下味冷凍ワザあり便利帳』『野菜たっぷり！下味冷凍パスタ』を再編集し、改題したものです。

ムダなし！節約冷凍レシピ

2023年1月10日　第1刷発行

著　者	池上正子
発行者	永岡純一
発行所	株式会社 永岡書店 〒176-8518 東京都練馬区豊玉上1-7-14 代表：03-3992-5155 編集：03-3992-7191
DTP・印刷	誠宏印刷
製本	ヤマナカ製本

ISBN 978-4-522-44048-3 C2077